O QUE É UMA CIDADE CRIATIVA?

Dados Internacionais de Catalogação na Publicação (CIP)
(Câmara Brasileira do Livro, SP, Brasil)

Vivant, Elsa
   O que é uma cidade criativa? / Elsa Vivant ; tradução Camila Fialho. – São Paulo: Editora Senac São Paulo, 2012.

   Título original: Qu'est-ce que la ville créative?
   Bibliografia.
   ISBN 978-85-396-0169-1

   1. Criatividade – Aspectos econômicos 2. Espaço urbano 3. Gentrificação (Urbanismo) 4. Políticas urbanas 5. Renovação urbana I. Título.

11-13071   CDD-307

Índice para catálogo sistemático:
1. Espaço urbano : Criatividade : Aspectos econômicos : Urbanismo   307

Elsa Vivant

O QUE É UMA CIDADE CRIATIVA?

TRADUÇÃO
Camila Fialho

ADMINISTRAÇÃO REGIONAL DO SENAC NO ESTADO DE SÃO PAULO
Presidente do Conselho Regional: Abram Szajman
Diretor do Departamento Regional: Luiz Francisco de A. Salgado
Superintendente Universitário e de Desenvolvimento: Luiz Carlos Dourado

EDITORA SENAC SÃO PAULO
Conselho Editorial: Luiz Francisco de A. Salgado
Luiz Carlos Dourado
Darcio Sayad Maia
Lucila Mara Sbrana Sciotti
Jeane Passos Santana

Gerente/Publisher: Jeane Passos Santana (jpassos@sp.senac.br)
Coordenação Editorial: Márcia Cavalheiro Rodrigues de Almeida (mcavalhe@sp.senac.br)
Thaís Carvalho Lisboa (thais.clisboa@sp.senac.br)
Comercial: Rubens Gonçalves Folha (rfolha@sp.senac.br)
Administrativo: Luis Americo Tousi Botelho (luis.tbotelho@sp.senac.br)

Edição de Texto: Maísa Kawata
Preparação de Texto: Augusto Iriarte
Revisão de Texto: Alex Criado, Luiza Elena Luchini (coord.), Sandra Fernandes,
Letícia Castello Branco
Projeto Gráfico, Capa e Editoração Eletrônica: RW3 Design
Imagem da Capa: iStockphoto / © visualgo
Impressão e Acabamento: Intergraf Ind. Gráfica Ltda

Traduzido de:
Qu'est-ce que la ville créative?
© Presses Universitaires de France, 2009
6, Avenue Reille, 75014 Paris

Proibida a reprodução sem autorização expressa.
Todos os direitos reservados a
Editora Senac São Paulo
Rua Rui Barbosa, 377 – 1º andar – Bela Vista – CEP 01326-010
Caixa Postal 1120 – CEP 01032-970 – São Paulo – SP
Tel.(11) 2187-4450 – Fax (11) 2187-4486
E-mail: editora@sp.senac.br
Home page: http://www.editorasenacsp.com.br

© Edição brasileira: Editora Senac São Paulo, 2012

SUMÁRIO

Nota do editor 7

INTRODUÇÃO – A CIDADE CRIATIVA, UMA ALTERNATIVA
À CIDADE INDUSTRIAL? 9
A classe criativa 11
Uma teoria baseada na construção de novos indicadores 12
Uma teoria controversa 16
O sucesso de uma teoria contestada 19
Por uma reconstrução da cidade criativa 23

CENAS DA CRIATIVIDADE ARTÍSTICA 27
A renovação das propostas artísticas 27
O gosto do *off*: ecletismo das práticas e hibridação
 da criação 29
O circo contemporâneo: uma produção artística híbrida 31
O *rock* alternativo: uma cena em perpétua renovação 33
Os *squats* de artistas: modelos de lugares culturais *off* 35

RETRATO DO ARTISTA EM GENTRIFICAR   39
A revalorização simbólica dos lugares   39
Os artistas: iniciadores ou indicadores da gentrificação?   45
O artista como arquétipo das novas classes médias criativas
e precárias   48

A CIDADE, UM TERRITÓRIO DA ECONOMIA CRIATIVA   53
Do Soho a Montreuil: o bairro, um recurso da produção
artística   54
O enraizamento territorial da produção cultural   58
A metrópole como suporte da organização das atividades
criativas   63

PROJETAR A CIDADE PARA OS CRIATIVOS   69
A instrumentalização da cultura   70
A política das conchas vazias   74
A banalização da cidade criativa   76

CONCLUSÃO – O PARADOXO DA CIDADE CRIATIVA   81
A serendipidade, condição urbana da criatividade   82
As cenas artísticas *off*: convite à serendipidade urbana   84

BIBLIOGRAFIA   89

NOTA DO EDITOR

O conceito de cidade criativa envolve muitos elementos e personagens, o que o torna intrincado. Apesar das suas controvérsias, ele parece seduzir políticos que desejam renovar o tecido econômico de suas cidades. Este livro busca justamente desemaranhar o conceito e avaliar sua eficácia como ferramenta política.

Para isso, Elsa Vivant toma como fio condutor a boêmia artística, essência da cidade criativa, apresentando cenas alternativas e atuais e perpassando a construção da imagem romântica do artista. Além disso, lança mão de exemplos interessantes e reconhecíveis de revalorizações citadinas originadas pela ação dessa classe de criadores, como o do Soho, e levanta reflexões e questionamentos profundos sobre o lugar da boêmia nessa "nova" cidade.

Com *O que é uma cidade criativa?*, o Senac São Paulo apresenta uma discussão atual sobre o urbano, abordando temas de arquitetura, sociologia e artes que agregam diferentes pontos de vista ao conceito de cidade criativa.

INTRODUÇÃO

A CIDADE CRIATIVA, UMA ALTERNATIVA À CIDADE INDUSTRIAL?

A descentralização e a transição pós-industrial levaram, em toda parte, as coletividades locais a repensarem suas políticas urbanas. As cidades pioneiras frequentemente foram aquelas que mais duramente sofreram com a crise industrial: diante do aumento do desemprego, da fuga de capital e da constituição de vastos vazios nas antigas propriedades industriais, elas colocaram em prática ações destinadas a renovar seu tecido econômico e urbano. Para tornar seu território outra vez atrativo, no contexto das concorrências, melhoraram a qualidade dos serviços para as empresas. Os progressos das tecnologias de comunicação e a redução dos custos de transporte conduziram a uma reorganização, em escala planetária, da produção e à concentração, em algumas grandes cidades do mundo, de atividades estratégicas de grande valor econômico agregado – atraí-las e conservá-las constitui a implicação maior para as políticas econômicas e urbanas das cidades. Essa competição interurbana para atrair capital e empresas explica a aparição de novas lógicas empresariais na gestão urbana. Abatimento da carga fiscal, extensão das redes de telecomunicação (instalação de cabos de fibra ótica), melhoria da acessibilidade (transportes expressos e aéreos) e desenvolvimento de um parque imobiliário adaptado às exigências das empresas foram as primeiras receitas da busca por atratividade implementadas no quadro dos grandes projetos urbanos. Para convencer os executivos das empresas de alto valor econômico agregado a se instalarem nas cidades em declínio industrial, foi dada atenção particular à melhoria do cenário de vida: espaços verdes, espaços públicos e, sobretudo, vida cultural.

Essa importância dada à atração de certas categorias de população foi reformulada e teorizada por alguns pesquisadores, entre os quais Richard Florida é certamente o mais conhecido. Segundo ele, o desenvolvimento econômico está diretamente ligado à presença daquela que ele chama de "classe criativa". Com efeito, ao escolher sua localização residencial, os trabalhadores "criativos" (executivos, engenheiros, *designers*, pesquisadores) privilegiam as qualidades de um espaço urbano que valorizem e favoreçam a criatividade, quais sejam: uma grande tolerância e uma atmosfera *cool*, descontraída e boêmia. A força da cidade está ligada a sua dimensão criativa, revelada por seu dinamismo cultural e artístico, único capaz de fazer frente aos efeitos de desinvestimento causados pelo declínio industrial. As grandes cidades sempre foram espaços de manifestação da singularidade e da criatividade. Mas tratava-se de uma faculdade marginal. Para Richard Florida, a efervescência criativa passa agora para o centro da cidade e de sua atividade, tornando-se até mesmo o motor de seu desenvolvimento econômico.

A CLASSE CRIATIVA

O que abrange exatamente a expressão "classe criativa"? Seus membros são profissionais contratados para resolver problemas complexos, inventar soluções novas, fora de uma lógica de produção rotineira e repetitiva, na concepção de Richard Florida. Essa classe é composta por dois grupos, distintos pelo grau de criatividade de sua atividade profissional. O primeiro grupo, coração da classe criativa, é constituído por profissionais envolvidos no processo de criação, pagos para serem criativos, para criarem novas tecnologias ou novas ideias, como cientistas, pesquisadores, engenheiros, artistas, arquitetos, etc. O segundo grupo reúne profissionais normalmente classificados nos serviços de alto nível e que merecem ser associados a essa classe criativa, pois resolvem problemas complexos graças a um alto nível de qualificação e a uma importante capacidade de inovação; são eles juristas e advogados de negócios, financistas e investidores de fundos de cobertura de risco, médicos e também maquiadores, técnicos de palco, etc. Todos exercem uma atividade cujo principal valor agregado reside na criatividade. O opaco adjetivo "criativo" permite, pois, agregar em uma mesma categoria indivíduos de perfis socioeconômicos e profissionais muito variados: cerca de 30% dos ativos das economias ocidentais pertencem a essa classe criativa, que se tornou dominante por seu peso numérico, econômico, social e cultural (Florida, 2002).

Na nova economia dita cognitiva, em que as ferramentas de produção e a matéria-prima são a informação e o conhecimento, a criatividade constitui uma vantagem comparativa para empresas, indivíduos e territórios. Essa economia é abastecida por indivíduos que se caracterizam por compartilhar certos valores, como a afirmação de si, o sentido do mérito e também a abertura de espírito. Eles apreciam o anonimato das grandes cidades e nelas buscam espaços de socialização superficial, como os cafés. Os membros dessa classe escolhem um lugar para morar em função das características "criativas" dele. Sua presença e concentração em dado território atraem e permitem o desenvolvimento de empresas de alto valor agregado. Então, isso significa que para atrair e permitir o desenvolvimento das empresas ditas criativas é preciso produzir um cenário de vida que satisfaça os gostos e as necessidades dos trabalhadores criativos.

UMA TEORIA BASEADA NA CONSTRUÇÃO DE NOVOS INDICADORES

Como se reconhece uma cidade criativa, que ofereça todos os serviços e amenidades procurados pelos trabalhadores ditos criativos, cuja presença asseguraria o desenvolvimento da coletividade? Richard Florida propõe utilizar vários indicadores, cada um dos quais revela, segundo o autor, uma qualidade específica da cidade criativa: o *talento* (número de pessoas com ensino superior e mestrado completos); a *tecnologia* (número de diplomas técnicos); e a *tolerância*. Quanto a esse último indicador, Florida sugere avaliá-lo segundo três índices: o primeiro mede a diversidade; o segundo, o peso da comunidade homossexual dentro da população; o terceiro se refere à boêmia artística.

O *índice da diversidade* (taxa de pessoas nascidas no exterior) salienta a importância dos trabalhadores imigrantes na nova economia. O desenvolvimento da internet e do Vale do Silício, na Califórnia, muito lhes deve: os principais sucessos comerciais da internet (Google, Yahoo) passaram pelas mãos de engenheiros imigrantes; um terço das empresas do Vale do Silício foi criado por estrangeiros (Saxenian, 1999). Richard Florida (2005) preocupa-se com o perigo do enrijecimento das condições de obtenção de visto e de autorização de trabalho, tanto nos Estados Unidos quanto na Europa, o qual pesa sobre a economia criativa – por exemplo, de acordo com ele, os entraves administrativos e consulares explicam o deslocamento do centro de pesquisa e desenvolvimento da Microsoft de Seattle para Vancouver. Da mesma forma, na França, a vontade política de limitar a imigração familiar ("sofrida") e autorizar apenas a imigração de trabalho para profissões particulares ("escolhida") comporta uma evidente contradição: os talentos que se deseja atrair têm uma família, e seus projetos de migração raramente são individuais, mas, ao contrário, familiares. Hoje, os jovens engenheiros indianos, especialistas em novas tecnologias, escolhem para seu projeto de migração e de instalação países para os quais possam levar suas famílias. Eles se desviam do Vale do Silício, pois suas famílias encontram muita dificuldade para obter vistos permanentes ali. Insistindo, assim, na migração como condição de atratividade para as cidades, Richard Florida opõe os interesses locais às políticas nacionais de fechamento das fronteiras via endurecimento das legislações referentes à imigração.

O *índice gay* é obtido pela contabilização do número de lares compostos por pessoas do mesmo sexo que se declaram em relação estável, em determinada área. Ele foi inspirado em estudos realizados sobre o tema da *gaytrificação** em bairros

---

* Corruptela do termo "gentrificação"; designa o processo da revitalização de determinada área urbana ou bairro em função da presença de uma comunidade *gay*. (N. T.)

como Marais, em Paris, Castro, em São Francisco, ou Church Street, em Toronto. Os homossexuais frequentemente investem em bairros específicos, propícios à construção de uma comunidade. Situados no coração de aglomerações, certos bairros têm significativa visibilidade e grande acessibilidade para todos os membros da comunidade e, assim, tornam-se pontos de encontro e de reuniões. Esses bairros conhecem um processo de *gentrificação*,* por causa tanto do efeito do desenvolvimento do equipamento comercial (pelo aparecimento de bares e de pontos de encontro) quanto do efeito do seu povoamento. A população *gay* que se instala nesses bairros tem, em geral, um poder aquisitivo elevado, parte em função do salário (proveniente de emprego qualificado ou altamente remunerado), parte em função do seu modo de vida consumista (a população é formada por solteiros ou casais normalmente sem filhos). Tomar o *gay* como símbolo do indivíduo criativo é algo que joga com os preconceitos segundo os quais os homossexuais são diferentes e vivem de outra maneira. De certa forma, o *gay* representa a figura do indivíduo hipermoderno, que inventa sua própria vida e seu próprio modelo, fazendo malabarismos com as normas e as regras legislativas. Por exemplo, diante de legislação que não reconhece a homopaternidade, os casais homossexuais devem inventar novos modelos familiares e filiais. Afirmar, como faz Richard Florida, que a presença de *gays* é um elemento positivo para uma cidade é bastante audacioso – essa afirmação de Florida joga pimenta nos olhos dos políticos.

---

* Neologismo derivado do inglês *gentrification*; designa o processo de revitalização de determinada área ou bairro mediante investimentos privados e/ou públicos, implicando, muitas vezes, o deslocamento de seus antigos moradores. (N. T.)

O *índice boêmio*, por sua vez, designa as pessoas da população ativa total que exercem alguma atividade artística (músicos, bailarinos, fotógrafos, autores, etc.). Nós nos deteremos nele a seguir. Neste momento, o importante é salientar que os indicadores citados são destinados a revelar a tolerância à singularidade e a comportamentos diferentes. O próprio uso do termo "criativo" para qualificar tal população estende o princípio de singularidade de artista-criador a todo um conjunto de comportamentos e de categorias. Os índices de tolerância e de diversidade são, segundo Richard Florida, sinais tanto de abrandamento das barreiras de entrada da sociedade local quanto de abertura aos recém-chegados. Esses sinais asseguram aos indivíduos criativos hipermobilidade em suas escolhas residenciais. Uma sociedade local considerada fechada, ou seja, sem diversidade, nem *gays*, nem boêmios, não atrai indivíduos criativos, pois em tal ambiente eles não se sentem autorizados a manifestar comportamentos singulares nem a exercer seu gosto por encontros, pela liberdade e pelo imaginário, propícios à expressão de sua criatividade.

A avaliação quantitativa dessa tolerância por meio de índices numéricos permite estabelecer vários tipos de classificação das cidades: a mais criativa, a mais boêmia, a mais *hi-tech*, a mais *gay-friendly*. Esses índices estão sintetizados no *creativity index*, graças ao qual as classificações das cidades parecem ainda mais significativas. Colocando em perspectiva esses diferentes índices, revela-se que a geografia da boêmia está muito concentrada em algumas aglomerações e corresponde à geografia da homossexualidade, assim como à concentração dos talentos e das empresas de alta tecnologia. As cidades norte-americanas mais dinâmicas em termos econômicos, como San Diego, São Francisco ou Seattle, acolhem ao mesmo tempo inúmeras empresas inovadoras ou de alta tecnologia e uma importante comunidade da classe criativa. A concentração de artistas boêmios produziria um ambiente atrativo para outros tipos de talentos (como engenheiros ou juristas), que atraem ou criam, eles próprios, empresas inovadoras. As qualidades de tolerância e de abertura de espírito próprias à atmosfera de uma cidade (reveladas pela importância das comunidades *gays*, boêmias e imigrantes) atraem as pessoas talentosas e diplomadas, que são os principais recursos (humanos) das empresas de alta tecnologia. De acordo com esse raciocínio, as empresas de alto valor econômico agregado se instalam e se desenvolvem onde a mão de obra criativa se encontra. O crescimento econômico se apoia na articulação de três valores: a *tecnologia*, o *talento* e a *tolerância* – essa teoria é convencionalmente chamada de "teoria dos 3Ts"). A mão de obra criativa e talentosa elege de forma esmagadora a cidade-centro, sua densidade, seus recursos e seu ambiente. Assim, querendo que suas cidades se convertam em centros criativos, inúmeras municipalidades recorrem a Richard Florida, que geralmente lhes propõe transformar uma parte do centro da cidade ou determinados bairros deteriorados em lugares *cool*, favoráveis à inovação, introduzindo, com esse fim, elementos característicos da cidade gentrificada.

UMA TEORIA CONTROVERSA

Como apreciar essa teoria da classe criativa que voltaria a dar sentido e vitalidade às cidades em decadência? Ela já foi objeto de inúmeras controvérsias. A escolha dos índices, a maneira de construí-los e de fazê-los valer causam de fato um problema. O índice do talento é ambíguo: ele se apoia no nível de qualificação dos indivíduos (ensino superior e mestrado), mas o termo "talento" exprime um dom, uma qualidade inata. O uso seja do índice *gay*, seja do boêmio para avaliar e classificar o nível de tolerância das cidades parece pouco pertinente diante das diferenças existentes entre as cidades. Fora São Francisco, capital dos homossexuais, em que o índice *gay* alcança 2,01, todas as grandes cidades dos Estados Unidos (como Austin, Seattle, Houston, Washington, Nova York, Dallas, Atlanta ou Denver) têm índices por volta de 1,2. Basear toda uma teoria em indicadores tão pouco discriminados parece provar pouca coisa; a correlação entre as diferentes categorias de população recenseadas como significativas da criatividade de uma cidade (*gays*, artistas, diplomados) e o crescimento econômico desta não é demonstrada, menos ainda a afirmação de que essa correlação vale como causalidade. Na verdade, segundo outros estudos, a suposta ligação de causalidade entre movimento migratório e crescimento econômico mais parece se opor a essa tese. Não é a quantidade de diplomados que gera crescimento, mas o inverso: são as oportunidades oferecidas por uma economia local dinâmica que atraem os migrantes diplomados e criativos (Shearmur, 2005).

O uso que Richard Florida faz da noção de classe é igualmente criticado por ser um pouco simplista. A noção de classe social repousa sobre a ideia de um conjunto de interesses e de valores compartilhados pelos indivíduos que dela são membros, assim como sobre o estabelecimento de uma relação de força entre as diferentes classes. Logo, a definição de classe criativa proposta por Florida negligencia os componentes da noção de classe e se instala em um lugar nebuloso, que limita a pertinência da análise. Nenhum estudo permite reunir a diversidade das categorias que compõem a classe criativa, seja sob o ângulo das trajetórias individuais, dos salários e das posições sociais, seja sob o ângulo de uma consciência de pertencimento a uma entidade social, ainda que esta seja vasta. Richard Florida acredita reparar essa falha evocando a sua experiência pessoal e o processo reflexivo pelo qual ele, mesmo lentamente, tomou consciência do seu pertencimento a essa classe sobre a qual construiu uma teoria. Dessa iluminação tardia, ele ressalta a dificuldade da tarefa e a urgência de os políticos eleitos se conscientizarem da importância da classe, além da necessidade de valorizá-la tanto quanto ela merece, já que encobre a riqueza vindoura das cidades.

A mobilização de um importante aparelho estatístico aparece como garantia consistente do trabalho de Florida, já que ela fornece aos dirigentes argumentos simples e eficazes, propícios a uma tomada de decisão rápida sobre o que convém ou não fazer em uma cidade em crise. Os índices estatísticos pelos quais Florida avalia e classifica o potencial criativo das cidades dão uma base aparentemente científica ao seu raciocínio. Mesmo que apresentem sérias lacunas metodológicas, esses índices falam o bastante para convencer os dirigentes públicos a explorarem o potencial criativo das cidades por meio de operações de urbanismo, visando atrair algumas populações bem selecionadas. Todavia, inúmeras críticas salientam a ambiguidade da postura adotada por Richard Florida, que ora joga com seus títulos universitários para validar a própria conduta, ora tem uma atitude de autocelebração mercantil no estilo de uma interpretação cênica digna de uma vedete. Essa atitude ameaça o crédito de uma ideia que pode ser considerada ambiciosa e excitante. O teórico é, com efeito, a figura mais em voga (e mais criticada) desde o começo da reflexão sobre a relação entre cidade e criação artística, há aproximadamente quinze anos. Tal reflexão reúne uma multiplicidade de trabalhos científicos vindos de horizontes variados, da sociologia e da economia, das ciências políticas e do urbanismo. Todos esses trabalhos salientam a realidade em que as questões em jogo ligam o urbanismo, a cultura e a criatividade.

O SUCESSO DE UMA TEORIA CONTESTADA

Para tomar consciência da nova importância da relação entre urbanismo e cultura, basta olhar os documentos colocados na internet pelas municipalidades da América do Norte. De Memphis a Toronto, de Seattle a São Francisco, os vereadores se empenham em apresentar as cidades como criativas, colocando em evidência sua vida cultural como trunfo distintivo e qualificativo. Os documentos de comunicação dessas cidades abundam em alusões e informações sobre a vitalidade de suas cenas artísticas e de suas indústrias culturais. Mais do que simples operações de comunicação, eles constituem verdadeiras estratégias de desenvolvimento urbano postas em prática e expressam a vontade política de pressionar, dessa maneira, o desenvolvimento do povoamento das cidades – em uma palavra, de gentrificá-las. Nas duas últimas décadas, diversas cidades conheceram um renascimento notório, que colocou sua vida cultural no seio das operações de urbanismo, por meio da criação de equipamentos espetaculares, de um bairro cultural, da organização de eventos ou, ainda, do reconhecimento e do apoio de novas práticas artísticas. Assim, a cultura é utilizada no quadro de políticas urbanas como ferramenta de valorização do espaço. Essa visão da cidade criativa constitui, de certa forma, a face emergente do fenômeno, aquela que é direta e ostensivamente oferecida ao olhar. A cidade criativa seria isto: um ativismo cultural dos políticos municipais destinado a suscitar o retorno da população abastada e culta à cidade. Mas, examinando minimamente essa imagem banal de política pública bem pensada e controlada tanto em seus meios quanto em seus objetivos, vê-se aparecer outros fenômenos e outras implicações, sensivelmente mais complexos.

O uso do termo "criativo" faz referência a um campo semântico habitualmente utilizado no mundo da arte para designar modos de produção e de inovação. A valorização do indivíduo criativo remete, assim, aos representantes do trabalho artístico e do artista. Desde a Renascença, com a invenção da perspectiva, o pintor não representa mais a realidade, mas sua visão, seu ponto de vista sobre a realidade. O artista não é mais um reprodutor, mas o criador de uma obra única e insubstituível. A criatividade está associada a uma qualidade inata. O indivíduo, para satisfazer e explorar o talento que lhe é próprio, deve abstrair empecilhos materiais e impor sua visão do mundo. Essa representação do artista como criador anda com sua heroicização na literatura. Ela está igualmente associada a uma origem social elevada, até mesmo aristocrática. A valorização da figura do artista repousa em parte sobre a qualidade inata de sua criatividade, assim como os aristocratas se apegam ao título de seu nascimento. Além do mais, no começo do século XIX, a boêmia artística acolheu muitos jovens provindos da aristocracia decadente e impôs simbolicamente sua superioridade à burguesia, que passou a invejá-la e admirá-la por essa mistura de recusa à riqueza e singularidade criativa (ver boxe p. 21).

Outros benefícios acrescem grandeza ao *status* do artista, como a autoria e a clemência da justiça diante de delitos cometidos em nome da arte. Esse *status* de criador atribuído ao artista causa inveja a outros profissionais, que dele se apropriam progressivamente. Tal é o caso de curadores de exposição, diretores de teatro e de cinema, cozinheiros, sem esquecer os publicitários. Essa transferência do atributo criativo a numerosas profissões contribui para o crescimento numérico da população dita artista ou criativa. A imagem da boêmia como vanguarda urbana (em Montmartre ou Montparnasse) se tornou um mito e foi superada tanto pela apropriação da postura artista, pelo uso desse vocabulário nos meios empresariais, quanto pela difusão dos valores, das normas, das práticas e das dificuldades dos artistas no conjunto da sociedade. Essa mistura de gêneros também explica a recepção discreta ao adjetivo "burguês-boêmio", designativo de uma classe que, como a criativa, amalgama populações diferentes e de interesses frequentemente divergentes. Nos debates atuais, o uso demasiado da palavra "criativo" e a confusão entre invenção, criatividade e cultura perturbam a compreensão das questões que essa ideia engloba e ao mesmo tempo mascaram a ambiguidade de certas práticas (como a criatividade financeira dos inventores do *subprime*).

A BOÊMIA EM PARIS, REPRESENTAÇÃO MÍTICA DO ARTISTA

No século XIX, emerge a figura do artista romântico: independente, inspirado e singular, que, para exercer seu talento e seu dom, abstrai dificuldades materiais, correndo o risco de viver na miséria. Ele não vive *de sua arte*, mas *para a arte*. Seu sucesso não mais depende da boa vontade dos mecenas e dos contratantes, mas se avalia de acordo com o mercado da arte, resposta econômica ao crescimento numérico da população artista. A transgressão dos códigos e das normas é o critério de valorização e o modo de apreciação de uma obra. O artista assume riscos ao propor novas formas estéticas, novas definições da arte, que estão acima da transação (Moulin, 1992). A incerteza do sucesso implica condições de vida miseráveis, que, transformadas em virtudes, constituem aquilo que garante a liberdade criadora do artista. Os artistas aspirantes aceitam essa incerteza e assumem a escolha de uma vida marginal e miserável para seguir sua vocação. Eles vivem à margem de uma sociedade que frequentam: os burgueses ricos são seus clientes, e os pobres, seus companheiros de infortúnio. Sua instalação em certos bairros e próximos uns aos outros contribui para sua legitimação, para a construção de redes pessoais e profissionais e para a conversão da imagem da singularidade e da excentricidade em atributos positivos da construção da identidade do artista.

A emergência dessa nova categoria se inscreve em um contexto social e político particular: o nascimento da democracia sobre as ruínas do regime aristocrático. Depois da Revolução Francesa, muitos jovens aristocratas decadentes se engajaram em uma vida boêmia, em reação à perda de seu poder político. Instalar-se em uma vida de artista que não respeita obrigações e conveniências sociais é uma forma de conservar um poder simbólico perante a burguesia em ascensão. Não se deixando ditar por comportamentos ou modos de vida forjados pela concepção burguesa de sucesso e de família, eles resistem a sua decadência enunciando novas concepções da elite (Heinich, 2005). O ódio ao burguês encontra suas origens nessa redistribuição pós-revolucionária das cartas do prestígio social e do poder econômico e político. Reciprocamente, a fascinação burguesa pelo universo da arte é uma busca de prestígio simbólico. Assim, esses jovens aristocratas contribuíram para o deslocamento dos valores aristocráticos em direção ao mundo artístico e para a valorização do *status* do artista. O privilégio de nascer herdeiro dá lugar ao dom inato; a importância do nome herdado torna-se aquela do renome. O prestígio do artista corresponde à aristocratização de seu *status* na recusa ao emburguesamento.

POR UMA RECONSTRUÇÃO DA CIDADE CRIATIVA

O que pensar desse conceito de cidade criativa? Seria um efeito de moda, uma expressão sem conteúdo tangível, uma ficção sustentada por um belo falante preocupado em seduzir os responsáveis pelas cidades, inquietos por causa dos efeitos da desindustrialização em seu território e prontos para acreditar em qualquer discurso difusor da ideia de uma receita mágica para sair do mau momento? A cidade criativa seria um lugar de concentração de indivíduos criativos? Um lugar favorável à expressão da criatividade? Um urbanismo estético? Uma cidade que abriga muitos equipamentos culturais?

A despeito do tom comercial adotado por Richard Florida, as ideias sobre a criatividade das cidades merecem ser consideradas para que se compreendam as novas questões urbanas que estão em jogo na era da globalização?

A ideia de cidade criativa tem de ser repensada com um mínimo de clareza para escapar da rejeição que suscita. Seu primeiro mérito é o de atualizar a ideia original da cidade como entidade emancipadora, a qual facilita a expressão das singularidades, a reivindicação e a manifestação das diferenças e da diversidade. A expressão "cidade criativa" pode, assim, ser interpretada como um projeto político liberal no sentido norte-americano do termo, ou seja, mais tolerante em matéria de costumes e de escolhas de vida. Como não ser seduzido pela ideia de que essa passagem à cidade criativa é acompanhada de uma revalorização das qualidades dos espaços urbanos, com a transformação da imagem das metrópoles e o arquivamento da imagem da cidade industrial, cujos miasmas, poluição e sujeição do proletariado simbolizam a submissão dos homens e da natureza à obsessão da produção? Por outro lado, como evitar ser enganado por uma retórica que mostra novas facetas da cidade e esconde os perigos – entretanto evidentes – associados ao retorno de uma classe criativa à cidade, tendo como custo a rejeição daqueles que nela vivem? Como acreditar que dessa forma se pode valorizar, e até mesmo programar, uma criatividade que se apoia na liberdade de extravasar onde se quer, ou seja, onde menos se espera? Como dar conta do processo efetivo no qual se baseia essa teoria, dos valores de emancipação a ela associados e da técnica do saltimbanco que vende sonhos e a promessa de transformar a cidade, não importa qual, em uma entidade atrativa se recorrer a algumas das suas receitas?

O objetivo deste livro é trazer certo esclarecimento sobre o conceito de cidade criativa, a fim de avaliar seu alcance explicativo e a possibilidade de torná-lo uma ferramenta de programação da ação política. E, já que a boêmia e a criação artística constituem o coração semântico de todas as teorizações sobre a cidade criativa, tomamos ambas como fio condutor das mutações urbanas contemporâneas. A metrópole parisiense, em que se concentram ao mesmo tempo artistas e consumidores culturais, constitui observatório privilegiado desses fenômenos,[1] ainda que às vezes seja necessário se desviar para outras cidades.

---

1. A metade dos artistas franceses reside na Île-de-France (sendo que a maioria vive em Paris), onde se encontram também os principais lugares de formação e de divulgação cultural. O consumo cultural dos parisienses é muito superior à média dos franceses, tanto em relação ao número de saídas ou de produtos consumidos quanto ao orçamento doméstico consagrado à cultura.

No capítulo "Cenas da criatividade artística", faremos uma rápida incursão no coração das cenas artísticas das cidades ocidentais. Como a criatividade alternativa (ou *off*) reatualiza a ideia de boêmia? De que modo essas cenas marcaram e transformaram certos bairros a partir do começo dos anos 1980?

A visita a certos bairros permitirá mostrar, no capítulo "Retrato do artista em *gentrificar*", como as cenas e seus atores contribuem para a valorização e a instalação dos artistas, acompanhando frequentemente um processo de gentrificação, que constitui a maneira de ser de uma larga camada social de profissionais engajados em trabalhos mais ou menos criativos. Esses profissionais estão prontos para compartilhar os lugares de vida dos artistas *off* porque têm, de fato, os mesmos valores que estes, mas sobretudo porque sofrem as mesmas dificuldades profissionais. A gentrificação proviria menos do efeito de uma atração magnética dos artistas sobre aqueles que os seguiriam na ocupação desses antigos bairros populares do que do efeito de uma homologia de suas respectivas condições sociais.

A transformação das condições de vida e de trabalho do ser "artista" de uma parte importante das profissões intelectuais e culturais repousa, em parte, sobre a reorganização do sistema de produção no seio das atividades criativas e, em particular, das indústrias culturais. No capítulo "A cidade, território da economia criativa", interrogaremos, então, a suposta faculdade da cidade de funcionar como recurso. Se o princípio parece evidente para as indústrias artísticas e culturais, concentradas em certos bairros, o que ele seria para o conjunto das atividades criativas? O que o trabalho de concepção ganha, assim como a vida artística, ao se territorializar em determinados bairros ou cidades? De que maneira as metrópoles funcionam como recursos da produção criativa?

Enfim, partindo desse fenômeno de territorialização das atividades de ponta em certas cidades, questionaremos, no capítulo "Projetar a cidade para os criativos", a pertinência das estratégias urbanas que visam programar essa criatividade tratando a paisagem urbana de acordo com as expectativas das empresas e de seu pessoal. Seria possível reproduzir, em benefício das firmas, o processo de valorização da cidade que se faz atraente para a população dos artistas e outros "intelectuais precários"? Seria possível atrair camadas sociais de elite ao imitar o processo de gentrificação experimentado pela boêmia artista, generalizando-o? Seria possível estabelecer uma continuidade entre a vitalidade das cenas artísticas *off*, o índice da qualidade criativa de uma cidade e as fórmulas de intervencionismo urbano, isto é, as revitalizações deliberadas dos bairros centrais, destinando-os a uma população de altíssimos salários e ao desenvolvimento da oferta turística? Na verdade, existem mais contradições do que continuidades entre essas duas posturas. A boêmia, tão apreciada por Richard Florida, corre o risco de desaparecer em consequência das medidas que ele preconiza a fim de trazer para cidade a classe criativa!

Em "Conclusão: o paradoxo da cidade criativa", concluiremos, assim, sobre o caráter paradoxal desse processo, que faz da cidade uma entidade cada vez mais marcada pela criatividade e pela cultura, mas que provavelmente não pode ser objeto de uma programação metódica sem que se arrisque expulsar as populações que garantem sua autenticidade criativa. Não que tal conduta não tenha tido sucessos simbólicos, mas estes são mais exceções do que modelos.

CENAS DA CRIATIVIDADE ARTÍSTICA

A figura do artista boêmio, nascida no século XIX, em Paris, continua sendo hoje a figura de referência de um modo de vida artista e singular. Em Berlim, Nova York ou São Francisco, o hedonismo e certo desapego singularizam essa boêmia artística; mas os modos de reconhecimento da qualidade e do valor artístico mudaram. Como as evoluções recentes dos campos artísticos e dos consumos culturais reformularam a noção de boêmia e de vanguarda?

A RENOVAÇÃO DAS PROPOSTAS ARTÍSTICAS

O *star system*,* a comercialização da cultura e a institucionalização do reconhecimento artístico via sistema cultural subvencionado são apenas uma parte do *iceberg* da criação ar-

---

* Criado pelos estúdios de cinema, o *star system* é um método de "fabricação" de estrelas cinematográficas. Esse sistema promove personalidades construindo toda uma glamorização em torno delas. (N. E.)

tística. Paralelamente, cenas artísticas afloram e se alimentam de experiências singulares e alternativas para propor novas formas de arte, reinvestidas pelo espaço institucional de sua produção: *hip-hop, poetry slam*, circo contemporâneo, teatro de rua, música eletrônica, *raves*, ocupações de artistas, *rock* alternativo, mangá, etc. Essas práticas artísticas *off* têm em comum os fatos de serem pouco ou não levadas em conta pela instituição cultural e de não terem um lugar claro no mercado dos bens culturais. Elas constituem a maneira de ser de artistas que laboram em condições de trabalho e de vida frequentemente precárias. Apesar da sua imagem de marginalidade, elas pertencem aos mundos da arte. Inscrevem-se em um sistema *in/off* da produção, propondo alternativas artísticas, sociais e políticas. Sua postura é uma alternativa ao *in*, esfera de legitimação e de reconhecimento que continuamente suga inspiração e novos talentos do *off*.

O grafite, por muito tempo tido como expressão de incivilidade em imóveis ou vagões de metrô, transforma-se em performance se o grafiteiro se arrisca em lugares improváveis: um pilar de ponte, um telhado. No muro de um *squat*,* o grafite simboliza a ocupação ilegal, torna-se um modo de expressão política; reproduzido na cidade, constrói um percurso artístico. Desde a emergência do *wild style* nova-iorquino, as formas e as escolhas estéticas se diversificaram. A criação de revistas especializadas e a edição de belos livros sobre o grafite, verdadeiro afresco urbano, constituem um primeiro passo dessa arte em direção ao *in*. Sua entrada na galeria de arte o qualifica como obra de arte e o inscreve no *in* do mundo da arte. A exposição "TAG au Grand Palais", que ocorreu em Paris na primavera de

---

* Habitação ou imóvel ocupado ilegalmente. (N. T.)

2009, anunciou o reconhecimento institucional dessa expressão artística. Ao mesmo tempo, certos grafiteiros se opõem a essa institucionalização e reivindicam o caráter subversivo de seu ato ao invadirem espaços *in* do mundo da arte, como *vernissages* e até mesmo a Bienal de São Paulo. Dito de outra forma, quando o *off* se aproxima do *in*, emerge um *off* do *off*, assegurando a renovação das propostas artísticas e das alternativas.

O GOSTO DO *OFF*: ECLETISMO DAS PRÁTICAS E HIBRIDAÇÃO DA CRIAÇÃO

A importância dessas cenas *off* para a paisagem artística atual pode ser compreendida em função das práticas culturais, das lógicas econômicas do sistema de produção artística e do trabalho dos criadores. Ainda que a democratização cultural permaneça inacabada, a demanda de oferta cultural não para de crescer, a frequentação dos grandes equipamentos explode (O Louvre tem mais de 8 milhões de visitantes por ano), e as práticas se diversificam. Essas evoluções traduzem uma massificação do acesso à cultura, consequência da alta geral do nível de educação e do importante crescimento numérico das categorias socioprofissionais consumidoras de cultura (executivos, profissões intelectuais e profissões intermediárias). A mobilidade social e geográfica dessas novas classes médias e altas implica uma diversificação dos gostos e das práticas e altera as hierarquias culturais. Os maiores consumidores culturais representam uma pequena fatia da população (o universo cultural "moderno"), mas exercem grande influência sobre a vida cultural. Eles desenvolvem práticas ecléticas e se interessam por todos os tipos de espetáculo e de oferta cultural, sem distinção de valor entre culturas outrora chamadas de populares ou burguesas (Donnat, 1994). Não hesitam em transpor as fronteiras simbólicas (associando gêneros à legitimidade cultural aparentemente inconciliável) ou geográficas para assistir a um espetáculo. Detêm muito conhecimento cultural e artístico e uma concepção mais ampla de cultura. Modernos e urbanos, esses indivíduos, conectados a várias redes sociais, agem como fornecedores e indicadores culturais. Para tal público, as cenas artísticas *off* são uma oferta cultural entre outras: um jovem diplomado irá com a mesma boa vontade a um concerto em Mains-d'Œuvres (Saint-Ouen), a uma exposição em Mac Val (Ivry), a um espetáculo na Comédie-Française, às portas abertas do *squat* da Miroiterie, ou ajudará, no final de semana, um grupo de teatro amador.

Diante da diversificação dos gostos e das práticas dos consumidores, o sistema de produção artística se organiza em torno de algumas grandes instituições ou empresas que se apropriam do essencial do mercado, enquanto pequenos produtores independentes se especializam nos nichos de mercado e atuam como caça-talentos. Ao mesmo tempo, a criação artística se mistura e rompe com as hierarquias anteriores. A hibridação dos gêneros artísticos e a ascensão, em termos de poder, da pluridisciplinaridade permitem uma mestiçagem de gêneros e de públicos. Por exemplo, a difusão da *world music* resulta das migrações e dos fluxos de informações, que engendram uma hibridação e uma mestiçagem entre a cultura do país de origem, a do país de chegada e a da diáspora. A institucionalização das subculturas, nos anos 1980, instaurou o reconhecimento de práticas culturais e de produções artísticas então minoritárias e marginais, como os quadrinhos, a música e o *hip-hop*. Ela prefigura o advento de uma acepção aberta da cultura, com o desmantelamento das fronteiras simbólicas. Gêneros próprios a contraculturas passam da confidencialidade ao reconhecimento institucional por meio de um movimento de legitimação fortemente geracional. O *jazz* e o *rock*, ontem, e o *techno*, hoje, mudaram de *status*, passando de símbolos do anticonformismo e da liberdade à institucionalização. Esse processo de interação entre alternativo e instituição é ilustrado por dois domínios artísticos: o circo contemporâneo e o *rock* alternativo.

O CIRCO CONTEMPORÂNEO: UMA PRODUÇÃO ARTÍSTICA HÍBRIDA

A emergência do circo contemporâneo simboliza as evoluções e a passagem de uma margem em que não há *status* cultural ao reconhecimento institucional, pela multiplicação e diversificação da oferta, pela estetização das práticas, pela hibridação do gênero e pela elitização do público. Até os anos 1970, o circo não entrava na pasta de competências do Ministério da Cultura da França, mas na pasta do Ministério da Agricultura: a presença de animais exigia que as fiscalizações sanitárias e as regulamentações fossem mantidas sob controle. Na virada para os anos 1980, alguns precursores propuseram espetáculos de um novo gênero: sem animais, com hibridação de técnicas circenses com outras artes, como a dança contemporânea, ou de acordo com um referencial estético inovador. Por exemplo, o ambiente apocalíptico dos primeiros espetáculos da companhia Archaos, com muitos decibéis e muita fumaça de escapamento de moto, atordoava o espectador. Os artistas do circo contemporâneo reinventam a arte da corda ao transformarem esta em corrente, ou a do malabarismo ao utilizarem uma serra elétrica. Nessa nova prática de circo, a proeza técnica vem acompanhada e está a serviço de uma pesquisa estética. Progressivamente, o Estado francês tomou consciência da dimensão artística e criativa do circo e o inscreveu no quadro das suas políticas culturais. A criação do Centro Nacional das Artes do Circo (Cnac), em Châlon-en-Champagne, no final dos anos 1980, assinou a certidão de nascimento oficial do circo contemporâneo, ou circo de criação. Atualmente, certas associações locais estabelecem ações de apoio à criação, à produção e à divulgação dos espetáculos, criando o Polo circense ou aderindo ao Estatuto de recepção do circo (selos criados em 2002, logo depois do ano das artes circenses). A abertura de muitas escolas e lugares de formação levou ao crescimento do número de artistas de circo e de companhias, que oferecem espetáculos cada vez mais variados, afastando-se ou contornando a figura do *clown* Augusto e da amazona. Hoje, a cena francesa do circo contemporâneo é de uma riqueza e de uma profusão únicas no mundo, e certos artistas franceses são reconhecidos para além das fronteiras (a companhia AOC, o circo Plume, os Artsaut). Algumas companhias se beneficiam do apoio das estruturas públicas de incentivo à produção; outras se desenvolvem mais modestamente e aproveitam as estações estivais para circular pelos festivais e mostrar sua criação. A existência de períodos de formação, de treinamento, de criação e de ensaio dos espetáculos exige um modo de remuneração adaptado, o que um sistema de seguro-auxílio para o trabalhador intermitente tornou possível.

 O aumento da oferta de espetáculos se concretiza com o apoio do aumento de público. Se o circo é a atividade cultural mais popular e mais apreciada pelos franceses (Donnat,

1994), é porque o público do circo contemporâneo é bastante particular. O espectador típico do Espace Chapiteaux, do parque da Villette, é do sexo feminino (três quartos do público é feminino), jovem (a metade dos espectadores tem menos de 35 anos), diplomado (dois terços têm o superior completo) e exerce uma profissão intelectual ou superior, até mesmo artística (como dois terços dos espectadores): o espectador pertence a esse universo cultural "moderno" que contribui para a intermediação entre as esferas *in* e *off* (Lévy, 2001).

O *ROCK* ALTERNATIVO: UMA CENA EM PERPÉTUA RENOVAÇÃO

Em outro registro, a cena do *rock* alternativo francês simboliza e concentra as questões envolvidas na articulação das cenas *in* e *off* pelo seu posicionamento artístico e político, pelo devir dos seus atores e por sua inscrição urbana. Nascido no começo dos anos 1980, esse movimento musical se inspira no *punk* e avança progressivamente na direção da mestiçagem dos gêneros musicais e culturais; grupos como Mano Negra e Les Négresses Vertes, ao misturar estilos e culturas do mundo inteiro, iniciaram um *rock world fusion*, retomado desde então por muitos artistas. Festivos, os *shows* de *rock* alternativo convidam outros artistas a subirem no palco – *clowns*, bailarinos e outros – e brincam com o público, às vezes provocando brigas e excessos. Próximos dos meios libertários e autônomos, os músicos retomam temas muito políticos em suas músicas: antifascismo, anti-imperialismo, denúncia das condições nas prisões e nos hospitais psiquiátricos, oposição ao controle social, apoio a movimentos sociais e da juventude, etc. Autoproduzidos ou produzidos por selos independentes (Bondage ou Boucherie Production), seus discos são distribuídos em circuitos paralelos, em bares, depois dos *shows*. Antes restrito a Paris e ao cenário *off*, o sucesso de certos grupos se deveu muito à criação de rádios livres, em 1981, nas quais eles encontraram suportes e redes de apoio fora do sistema comercial de divulgação musical.

No final dos anos 1980, o movimento deu uma guinada decisiva. O sucesso de público levou certos grupos, como Mano Negra, a deixar os selos independentes para assinar contrato com grandes gravadoras de música, enquanto outros, como Bérurier Noir, preferiram se separar, a fim de evitar qualquer tentativa de substituição. Alguns selos, como Boucherie Production, optaram pela profissionalização, para neutralizar a concorrência dos maiores, ao passo que outros foram comprados ou desapareceram. Hoje, os herdeiros dessa cena são ainda bastante dinâmicos, e muitos deles praticam a autoprodução. O grupo Les Ogres de Barback criou o seu próprio selo, Irfan, para produzir e divulgar seus discos e de grupos amigos. Certos músicos daquela época seguiram carreiras de relativo sucesso: Sergent Garcia foi membro do Ludvig von 88; integrantes do Mano Negra criaram o P18; o Têtes Raides permanece fiel às suas escolhas estéticas e políticas há quase vinte anos. Mano Chao, líder do Mano Negra, tornou-se uma estrela da cena altermundialista; em Bamaco ou Buenos Aires, Bangcoc ou Guaiaquil, o som das suas músicas lembra aos iniciados os tempos dos *squats* de Belleville, onde ele começou sua carreira. Com efeito, a fim de aliar música, política e mudança social, muitos artistas dessa cena ensaiaram, tocaram e viveram em *squats* anarquistas de Belleville, que animavam o leste parisiense, refúgio da cena *off* da cidade nos anos 1980, antes de serem destruídos pelas operações de revitalização do baixo Belleville.

OS *SQUATS* DE ARTISTAS: MODELOS DE LUGARES CULTURAIS *OFF*

Os artistas *off* se instalam em espaços abandonados das cidades, por vezes ilegalmente, como os *squats*. De Berlim a Saint-Ouen, de Marselha a Bruxelas, esses lugares culturais *off* recompõem a paisagem cultural das cidades. Os atores e os artistas das cenas *off* se apropriam dos espaços urbanos abandonados, terrenos baldios, hangares desativados, amplos vazios industriais, etc., para propor uma nova forma de presença do artista na sociedade e na cidade. Longe de uma concepção elitista da democratização cultural (tornar os grandes clássicos acessíveis a todos) e dos desvios consumeristas de certas instituições, esses agentes culturais, em busca de locais ao alcance de seus parcos meios, investem em lugares vazios (legalmente ou não) e neles desenvolvem novas propostas artísticas e culturais, por vezes associadas à marginalidade. Investindo em lugares banais ou fora de uso, os artistas *off* os valorizam e os transformam em lugares artísticos e culturais. O desvio artístico e o uso temporário do espaço oferecem uma experiência singular aos citadinos e contribuem para a escritura de uma nova representação social do espaço.

Esses lugares artísticos constituem uma rede cultural e artística ao mesmo tempo alternativa e complementar à rede institucional. Eles oferecem meios de criação e de divulgação para os artistas que não encontram ou que não desejam encontrar apoio nos circuitos habituais da produção artística, seja esse apoio público ou privado. Tais lugares permitem a experimentação artística, pois sua configuração cênica e seus espaços de criação são vastos e modulares. Oferecem aos artistas a possibilidade de trabalhar de outra forma, em outras condições materiais. A criação de rádios associativas, a edição de fanzines, a abertura de ateliês de prática para amadores, a recepção em residência fornecem muitos novos ambientes de atividade que rompem com a concepção clássica dos lugares de produção artística e de consumo cultural. O desejo de experimentar modos de vida diferentes também é um dos motivos da criação desses lugares, em que organização comunitária, autogestão, autossuficiência, convicções ecológicas e vegetarianas constituem os elementos de um projeto social e político alternativo que acaba por se articular como projeto artístico *off* (Raffin, 2002; Lextrait, 2001; TransEuropeHalles, 2001). Esses lugares evidentemente rompem com a visão administrativa da cultura que o ministério e as políticas culturais demonstram ao profissionalizar artistas e tecnicizar a montagem de projetos artísticos. Eles deixam à própria sorte aqueles que não entram nos critérios nem nas coleiras institucionais de definição do "artista profissional".

A instalação dos lugares *off* frequentemente gera transtornos para os moradores. O barulho, a sujeira, os grafites, os ajuntamentos e até mesmo o tráfico de drogas os estigmatizam. A presença de artistas *off* na cidade é percebida por alguns cidadãos como uma ameaça à ordem estabelecida, ao bom gosto e ao respeito à propriedade privada.[1] Entretanto,

---

1. Uma moradora vizinha de um *squat* de artistas em Belleville, nos anos 1980, relatou assim o seu encontro com um ocupante: "Ontem, eu entrevistei um de cabeça raspada, todo perfurado e com correntes da cabeça aos pés, em pleno trabalho artístico: 'O que representa isso que você está desenhando aí? O que isso quer dizer?'. Ele deu de ombros, o olhar vazio: 'Sei lá. É um desenho'". (Brantôme, 2004, p. 30)

esses artistas também passam por pioneiros da reconquista urbana, simbolizando o papel determinante do criativo na cidade. Por sua presença e sua implicação na vida local, os artistas contribuem, de diferentes maneiras, para a reabilitação de seu bairro, que é ao mesmo tempo o espaço de sua vida cotidiana e o suporte da organização de seu trabalho e de sua divulgação – pela instalação de galerias, de salas de espetáculos, de concertos, ou, simplesmente, pela abertura de cafés. Para muitos observadores, essa revalorização simbólica engendra uma revalorização econômica, através do encadeamento de um processo de *gentrificação* do bairro no qual se instalam esses artistas.

RETRATO DO ARTISTA EM GENTRIFICAR

✺

O artista está frequentemente na origem do processo de reconquista dos velhos bairros populares ou das zonas industriais desativadas. Seriam os artistas desencadeadores desse processo, ou apenas reveladores de uma tendência ao retorno à cidade de uma categoria da população da qual são particularmente representativos? As duas hipóteses não são incompatíveis. O artista *off* pode desempenhar papel motor na revalorização de um bairro, abrindo caminho para um processo de *gentrificação*. A gentrificação constitui a maneira de ser de uma população muito próxima desses artistas, com os quais ela compartilha dispositivos e restrições, como a vulnerabilidade dos salários e a necessidade de dispor das oportunidades oferecidas pela cidade.

A REVALORIZAÇÃO SIMBÓLICA DOS LUGARES

Consertando, renovando ou decorando seu alojamento e sua fachada, os artistas melhoram o estado geral da construção e embelezam a paisagem urbana. Em muitas cidades, eles converteram antigas fábricas e armazéns abandonados em ateliês e residências, transformando áreas industriais das cidades em paisagens de *loft*, ou *loftscape*, segundo a expressão de Sharon Zukin (1982). Elemento significativo da estética urbana pós-industrial, o *loft* simboliza, ao mesmo tempo, uma aproximação dos mundos artísticos e o aparecimento, no *habitat*, de novos modelos domésticos, marcados pela abertura das peças, dos usos e das práticas. O *loft* associa, assim, referências artísticas (minimalismo, desvio funcional) e comodidades residenciais objetivas (leveza de adaptação, tamanho dos espaços). Essas reabilitações invertem a simbólica negativa da desindustrialização. Desaparecendo da paisagem urbana, o mundo da fábrica deixa de ser, para as classes médias, aquilo de que é preciso fugir para se viver mais confortavelmente. De lugar de trabalho e de sofrimento ele se torna um lugar de memória e de história; a fábrica e o ateliê são então idealizados e estetizados pelos artistas.

É exatamente esse trabalho de mutação do sentido atribuído a um objeto e dos valores que lhe são associados que certos artistas gostam de produzir, como Marcel Duchamp quando se empenha em tratar algo que para o resto da sociedade não tem valor e conferir a ele um novo valor simbólico. O exemplo mais célebre é a exposição de Duchamp de um mictório transformado em *ready made*. Recuperar objetos do cotidiano e transformá-los em obra de arte, estetizá-los, dar-lhes um valor novo: tal atividade artística de reviravolta semiótica está na origem da revalorização dos lugares desvitalizados da cidade. Depois dos artistas, os proprietários de galerias e os colecionadores intervêm e atribuem um valor mercadológico a esses objetos quaisquer que viraram obra de arte. A mesma mudança de *status* simbólico e, depois, econômico se produz no tratamento do espaço, seja o espaço de trabalho do artista (o ateliê que se tornou *loft*) seja seu espaço diário, o bairro, antes percebido como marginal e degradado, que se torna "moderno" (Ley, 2003). Submetido a grandes percalços financeiros e cultivando sua singularidade por meio da escolha residencial, esses artistas transformam em trunfo os estigmas de um bairro. Em Lower East Side (Nova York), a pobreza e a marginalidade de alguns grupos sociais, como os *punks* e os Hell's Angels, são transformadas em estética *trash*, retomada a seguir na cultura *mainstream* (como nos primeiros clipes da Madonna). Por sua posição no campo da produção simbólica, os artistas (principalmente os escritores e os cineastas) são os primeiros mediadores da promoção de seu bairro, frequentemente escolhido como cenário de suas histórias. Eles expõem em suas obras a própria visão do bairro e contribuem para a construção de sua imagem; contam os processos de transformação em curso, como a gentrificação da Bastille, no começo dos anos 1990, contada em *O gato sumiu*, de Cédric Klapisch; recriam uma visão mítica do bairro, como Daniel Pennac faz ao contar a vida da família Malaussène em Belleville; colocam em cena seu cotidiano de artista, como nas *Cenas da vida boêmia*, de Henry Murger, que retrata a Paris do século XIX, ou em *O que eu amava*, de Siri Hustvedt, que retrata o Soho dos anos 1970.

    A aparição de novos bares com ambiente boêmio, de lojas de *designers* locais, de galerias de arte ou de livrarias contribui para o desenvolvimento da atividade comercial, que por sua vez propicia saídas recreativas, pois dá segurança para os pedestres. No East End londrino, alguns *designers* desconhecidos começaram a apresentar seus produtos, de maneira informal, aos domingos. Progressivamente, os mercados de Spitafields e

Shoreditch se tornaram lugares "modernos" de compras, nos quais, todas as semanas, precipita-se uma multidão cosmopolita, acompanhando a transformação de Hoxton de bairro degradado em bairro criativo. A instalação de lojas de grandes marcas, como Levi's, representa enfim a entrada do setor em uma área consumerista da cidade.

A organização de eventos, de festas ou de espetáculos também contribui para a segurança. Nesse sentido, o fluxo de pessoas que eles movimentam apresenta mais vantagens do que inconvenientes ou prejuízos causados pelos agrupamentos. Por exemplo, a presença de várias companhias de circo contemporâneo no degradado bairro de Stalingrad (no coração do 19º *arrondissement* de Paris),* em uma estação ferroviária abandonada, atraiu um amplo público de fora do bairro. Sem esses espetáculos, poucas pessoas teriam se aventurado na região, cuja imagem está associada a problemas de drogas. Assistir a espetáculos nesses terrenos baldios transformados em terrenos de jogo poético é uma verdadeira experiência urbana, que marca as memórias e os imaginários. O ambiente festivo criado por lampiões e lanternas coloridas do café ao ar livre, o espetáculo do trapezista sobre um caminhão, em segundo plano, o pôr do sol atrás da basílica de Sacré-Coeur e, em contracampo, os clarões dos trens partindo da Gare de l'Est apagam a lembrança de um trajeto angustiante entre imóveis abandonados e *squats*. Tanto a experiência urbana vivida pelos espectadores quanto os próprios espetáculos contribuíram para a mudança de imagem do local, que não é mais uma área malvista e infrequentável, mas um lugar mágico, último espaço

---

* Correspondem a uma divisão administrativa que divide Paris (e Lyon) em *arrondissements* municipais. (N. T.)

de liberdade e de aventura na cidade. Assim, o artista se torna um agente de segurança, de pacificação e de mediação social, tornando viável a coexistência de práticas sociais do bairro e de categorias muitos diferentes de usuários.

Em outro registro, ainda em Paris, a prática das exposições segundo a fórmula de ateliê aberto, durante os finais de semana de primavera, oferece uma oportunidade única de encontro entre artista, obra e público. Ou melhor, públicos: o público do mundo da arte, que busca novos artistas nos quais investir; o público morador, que descobre o trabalho de seus vizinhos e contribui para a animação de seu bairro; o público visitante, que aproveita a ocasião para descobrir um bairro novo e seus recantos, aos quais os artistas acrescentam uma atmosfera e um charme particulares. Mais do que a descoberta do trabalho dos artistas, essas jornadas servem de pretexto para a redescoberta da cidade. De ouvido atento nos ateliês de Belleville, o observador escuta mais comentários sobre as qualidades do lugar do que sobre as obras, o charme discreto de paisagens ignoradas.

OS ARTISTAS EM DESTAQUE DE NOVA ORLEANS

O engajamento dos artistas na reconstrução de uma cidade ou de um bairro é por vezes um ato cívico e político. O renascimento de Nova Orleans foi iniciado em grande parte pelos atores culturais, chocados pela incúria dos serviços públicos depois dos efeitos devastadores do furacão Katrina. Centenas de pessoas morreram na tragédia, dezenas de milhares de famílias fugiram da cidade, abandonando seus bens, suas casas, seus amigos, seus hábitos. Raras são aquelas famílias que voltaram. Em alguns bairros, um terço das casas ficou abandonado, sem que os proprietários tivessem condições de repará-las. A economia local foi à ruína, milhares de empregos foram perdidos, milhares de famílias não voltarão mais à cidade.

Os artistas testemunham a catástrofe por meio de suas obras, de seus efeitos e da forma como são percebidas pelos habitantes. A parte sul do French Quarter, antigo bairro de entrepostos e que agora abriga inúmeras galerias de arte e os principais museus da cidade, foi tomada, no inverno de 2009, por um coletivo de artistas, encabeçado por um curador novaiorquino, Dan Cameron, que organizou uma bienal de arte contemporânea, a "Prospect", dando vida à cena artística local.

O destino do Lower Ninth Ward, bairro pobre e negro destruído por maremoto provocado pela ruptura de uma represa, emocionou muitos americanos. Escolas de urbanismo da Costa Leste foram até o local para fazer levantamentos das destruições e colocar em prática programas de recuperação, junto com associações locais. Estrelas hollywoodianas criaram uma fundação a fim de financiar a reconstrução das casas arrasadas pelo furacão. O ator Brad Pitt, mensageiro dessa iniciativa, dá vazão ao seu gosto pela arquitetura contemporânea ao mobilizar arquitetos de renome na construção de casas ecológicas e de baixo custo, destinadas às vítimas do furacão.

O comprometimento dos artistas em devolver um valor de uso à cidade talvez implique na instalação de novos moradores, vindos de fora, de categorias sociais de elite. Algumas agências organizam visitas turísticas aos bairros assolados pelo furacão, mas a responsabilidade pela gentrificação desses bairros não deve ser imputada aos artistas: a destruição causada pelo Katrina e a inação dos poderes públicos esvaziaram a cidade de seus pobres e de seus negros, liberando espaço para novos moradores. No caso de Nova Orleans, o envolvimento dos artistas é ao mesmo tempo uma manifestação de apoio às populações locais – principalmente por parte dos artistas de *jazz*, entre os quais alguns perderam instrumentos na catástrofe – e uma denúncia da irresponsabilidade e das negligências da administração de George W. Bush.

OS ARTISTAS: INICIADORES OU INDICADORES DA GENTRIFICAÇÃO?

Por sua presença e suas atividades, os artistas iniciam um movimento de redescoberta dos bairros e de valorização de suas qualidades arquitetônicas e paisagísticas. A apropriação de certos espaços do cotidiano (um café, uma loja, uma vitrine de ateliê) redesenha a paisagem social do bairro e lhe confere um caráter mais boêmio e cosmopolita do que popular. Pouco a pouco, outras populações, mais preocupadas com os riscos incorridos por seus investimentos, mas dispondo, frequentemente, de salários igualmente baixos e irregulares serão tentadas a se instalar no bairro. Elas precedem a chegada de populações mais bem-dotadas financeiramente. Assim, pode-se atribuir à instalação dos artistas em um bairro o processo de gentrificação que se segue e reconhecer neles um poder de reconversão imobiliária, econômica e de símbolos.

São inúmeras as cidades em que tais movimentos de reinvestimento em bairros centrais populares e mais ou menos decadentes foram observados. Os reinvestimentos se efetuam também pela chegada de proprietários novos e pertencentes a classes médias e altas, com a intervenção de corretores privados e de operações públicas de reabilitação tanto do espaço público quanto das áreas construídas. Essas reconversões apresentam um caráter particularmente impressionante na América do Norte, onde o ideal da casa própria, a multiplicação das áreas periurbanas e o reinado do automóvel levaram os bairros centrais (*inner cities*) a uma decadência e a uma pauperização por vezes extremas. Na França, onde os centros das cidades nunca foram abandonados a tal ponto, o fenômeno de retorno à cidade apresenta uma característica mais atenuante e menos ameaçadora para os antigos habitantes. Além disso, a legislação francesa protege mais os direitos dos locatários do que a norte-americana, e a presença de habitações populares fornece um freio a esse processo.[1] Para os habitantes pobres de um bairro em curso de gentrificação, todavia, a possibilidade de se manter no lugar frequentemente anda par a par com o desencadeamento de conflitos com os novos residentes. A chegada de famílias abastadas acarreta a mudança das estruturas comerciais, que deixam de corresponder aos meios financeiros dos antigos moradores. Os recém-chegados se apropriam do bairro e impõem suas normas e seus valores nos espaços locais de debate e decisão, das assembleias de proprietários a conselhos escolares, passando por conselhos de bairro e por diversas associações de moradores. Pela seleção socioeconômica que acarreta, a gentrificação incentiva a privatização e a apropriação do espaço público pela parte mais abastada dos habitantes, apesar de a convivência ser um dos valores promovidos por aqueles que iniciaram a gentrificação. "A ética da gentrificação" é corrompida tão logo o processo se coloca de fato em curso (Charmes, 2006). Para o geógrafo norte-americano Niel Smith (1996), que foi seu primeiro teórico, a gentrificação se parece com uma luta de classes em escala urbana, uma luta que se dissimula por detrás do vocabulário da revitalização urbana e da mistura social.

---

1. Em Belleville, a construção de um importante parque de moradias populares foi um dos vetores da gentrificação nos anos 1970. Vista por um ângulo patronal, elas abrigam inúmeras famílias de classe média. As famílias transplantadas não tinham escolhido esse bairro; apesar da ascensão social de algumas, a maioria delas ficou na moradia popular para se beneficiar das vantagens da centralidade parisiense (Simon, 1995).

A rigidez das relações sociais entre antigos e novos residentes no quadro da gentrificação leva ao questionamento do papel real dos artistas *off*: seriam eles realmente promotores da revalorização do bairro, ou sua presença serviria de pretexto para operações que não lhes dizem respeito? Na verdade, essa revalorização ressalta mais a vantagem de uma hábil encenação de sua presença do que o aparecimento de um novo modo de vida urbana levado pelos artistas. Os artigos de jornais descrevendo bairros em curso de gentrificação, como Belleville e o Baixo Montreuil, seguidamente lançam mão de depoimentos de artistas residentes com evocação à autenticidade do lugar, suas qualidades e, eventualmente, "bons endereços" em matéria gastronômica. Outros atores instrumentalizam a presença de artistas para fins claramente comerciais. Um agente imobiliário deixará passar na conversa com um futuro comprador de imóvel que tal artista vive no bairro. Corretores designam certas operações com nomes que têm consonâncias poéticas ou artísticas ("vila das artes", "residência dos artistas", "passagem de Shadocks"*). Teria a presença de artistas um papel de causalidade no processo de gentrificação, ou seria ela simplesmente o mecanismo de acompanhamento de um processo que obedece a sua própria lógica, da qual ela constitui um indicador? Parece que o artista não é nem uma causa profunda nem um pretexto superficial, mas um revelador da população diretamente interessada no processo de retorno à cidade.

---

* *Les Shadocks* é um desenho animado, criado pelo cartunista Jacques Rouxel, cujos personagens principais são pássaros. (N. E.)

O ARTISTA COMO ARQUÉTIPO DAS NOVAS CLASSES MÉDIAS CRIATIVAS E PRECÁRIAS

Os novos comportamentos residenciais associados à gentrificação valorizam a centralidade, a densidade e a mobilidade. Mais do que de uma atração irresistível para os artistas, a homologia dos comportamentos e das escolhas residenciais entre os artistas e os gentrificadores procede de um efeito de compartilhamento dos mesmos gostos e dos mesmos impasses. Apesar das diferenças de salários e de *status* profissionais – por vezes muito significativas – entre si, os gentrificadores pertencem à nova classe média, cujos membros têm em comum grande interesse pela vida cultural e grande tolerância em matéria de hábitos. Eles trabalham no setor terciário, são diplomados, dispõem de certo capital cultural e social e exercem uma função mais dirigente do que executante. Além disso, participam da vida do bairro e se mostram sensíveis aos problemas ambientais e à qualidade de vida. O crescimento numérico dessa nova classe média corresponde a muitas mudanças socioeconômicas: o aumento geral do nível de instrução, a passagem a uma economia pós-industrial (que induz novos tipos de empregos e de competências), a libertação dos hábitos. Em seu trabalho, essa nova classe média deve demonstrar qualidades próximas daquelas da atividade artística: imaginação, singularidade, implicação pessoal, que se aplicam no âmbito profissional de atividades de mídias, publicidade, educação, engenharia, etc.

A figura do artista aparece, assim, como paradigmática do trabalhador criativo; os traços gerais da organização do trabalho daquele e de seu modo de ação são encontrados em inúmeros outros setores ditos criativos (Boltanski & Chiapello,

1999; Menger, 2002). O termo "criativo" minimiza as particularidades desses tipos de emprego e as dificuldades cotidianas que elas acarretam, valorizando ao mesmo tempo suas missões. O trabalhador criativo tende a se parecer com a representação atual do artista: inventivo, flexível, motivado, com salários incertos, concorrente de seus pares, com uma trajetória profissional instável. No mundo do espetáculo (ao vivo ou audiovisual), diante da incerteza de sucesso e de rentabilidade, as produções se organizam por projeto, o que implica um recrutamento por contrato e temporário de diferentes agentes (do técnico ao ator). Do ponto de vista dos trabalhadores, esse modo de organização se traduz por um trabalho intermitente, individualizado, pago por cachê, temporário e de curta duração.[2] O regime de seguro dos intermitentes do espetáculo (que engloba tanto artistas quanto técnicos) enquadra e limita efeitos sociais dessa organização, reconhecendo as especificidades da temporalidade do projeto artístico: longos períodos de ensaios não remunerados são necessários e antes da difusão do espetáculo, cujo sucesso é aleatório. Logo, a difusão de tal modelo de intermitência em outros setores da atividade (via trabalhos temporários) não vem acompanhada de uma evolução e de uma adaptação do sistema de seguro-desemprego geral. Os trabalhadores temporários são variáveis que se ajustam ao sistema produtivo, particularmente frágil em tempos de crise. Se a instabilidade e a flexibilidade do trabalho artístico são aceitáveis para os indivíduos que escolheram um trabalho que eles esperam ser prazeroso, o mesmo não acontece para outros profissionais ditos criativos.

---

2. Em quinze anos, a duração média de contrato de intermitente passou de 12 para 4,3 dias (Lacroix, 2009).

As reviravoltas organizacionais que as indústrias culturais conhecem têm consequências trágicas sobre as condições de emprego e de salários dos trabalhadores intelectuais. Por exemplo, a editoração terceiriza muitas tarefas (tradução, revisão, ilustração, etc.), passando-as a trabalhadores autônomos, frequentemente antigos assalariados que foram exonerados quando das reestruturações ocasionadas pelas fusões e compras das editoras por grandes grupos. A terceirização é um meio de ajuste da produção e confere uma flexibilidade total ao trabalho, a qual se traduz, para o trabalhador, em significativa dependência diante daqueles que dão ordens, visto que ele não tem a proteção e a estabilidade do assalariado (Rambach, 2009). A relação empregador-assalariado se torna uma relação contratante-prestador de serviço. Esse formato de relação profissional se difunde no seio das próprias empresas em que, de um serviço a outro, as trocas se fazem em um registro de relação a um cliente: o colega de ontem se torna um cliente ou um prestador de serviços.

Para além dos gostos, dos comportamentos e dos talentos, o que tende a aproximar os primeiros gentrificadores, essa fração precária da classe criativa, são as condições de trabalho mais instáveis e as carreiras mais incertas. Tudo acontece como se se assistisse a uma extensão do campo da boêmia fora da esfera artística. Mesmo os profissionais aparentemente protegidos conhecem certa vulnerabilidade em sua condição de trabalho: os jovens professores são professores-substitutos, os doutorandos são autônomos, assim como os jovens pesquisadores, os pós-doutorados e os consultores trabalham entre um contrato e outro.

Nessas condições, certas qualidades urbanas, como a concentração das possibilidades de emprego e sua acessibilidade, ou a diversidade de serviços que compensa o prolongamento da jornada de trabalho (horário de abertura do comércio, etc.) são cada vez mais procuradas. Isso explica, em parte, o recrudescimento do interesse que manifestam os novos profissionais da classe média por uma localização central. Para eles, a centralidade e a acessibilidade se tornam recursos imperativos. Por exemplo, um consultor que muda de local de trabalho a cada seis meses deve morar no coração de uma densa rede de transporte coletivo para poder se adaptar à mobilidade física de seus contratos.

Mais do que uma atração magnética exercida pelos artistas sobre as classes médias, a gentrificação revela, pois, um amplo compartilhamento de disposições no seio de uma parte da população: recusa do modo de vida de periferia, valorização da pluralidade dos recursos oferecidos pela centralidade urbana, valorização da diversidade social e étnica. Se a ideia de classe criativa (e a de gentrificar) simplifica em demasia a diversidade das trajetórias e dos perfis individuais envolvidos no processo, por outro lado faz aparecer um *continuum* de interesses, de condições de trabalho e de vida entre os artistas e os diferentes profissionais intelectuais. Todos encontram na cidade os recursos necessários para inventar seu cotidiano. Eles sacrificam a qualidade e a aparência de sua moradia (moradores de 35 anos de idade dividem apartamentos; famílias se apertam em 50 metros quadrados; etc.) para se beneficiar dos recursos da centralidade. Percalços financeiros e materiais demandam baixos custos de moradia. A instalação em bairros populares centrais é, para eles, uma escolha contrafeita, pois os salários baixos ou irregulares, associados à intermitência do emprego, não permitem financiamentos imobiliários altos e tornam mais difícil a locação de imóveis em bairros muito procurados.

O equilíbrio delicado entre a fragilidade dos salários e os benefícios da centralidade se encontra ameaçado pelo próprio processo no qual estão inseridos esses indivíduos. Muito rapidamente, aparece um conflito de interesses entre aqueles que produzem o valor simbólico (os pioneiros da gentrificação) e aqueles que a transcrevem economicamente por investimentos financeiros (os corretores imobiliários e os recém-chegados à propriedade). Uma vez em andamento, o processo de valorização amplia pouco a pouco e geralmente acaba por fazer desaparecer a boêmia original, para produzir espaços urbanos destinados às classes médias altas. A gentrificação coloca em cena e na cidade dois movimentos imbricados um no outro: a reapropriação do valor simbólico do artista e a revalorização do espaço metropolitano. Mas como permitir a reprodução de uma força de trabalho inovadora que se alimenta de modos de vida singulares? Como manter preços moderados o bastante para conservar a originalidade e o caráter boêmio sobre o qual se construiu o novo valor simbólico do bairro? Essas perguntas devem ser feitas, pois, além de seu charme boêmio, os bairros de artistas são o suporte da nova economia urbana, que deles tira o essencial em termos de recursos humanos e criativos.

A CIDADE, UM TERRITÓRIO DA ECONOMIA CRIATIVA

A cidade, com seus bairros populares ou suas zonas industriais abandonadas, torna-se um território propício à instalação dos artistas, que contribuem para a revalorização do urbano junto com determinadas populações. Mas o retorno à cidade das novas classes médias, cujos valores e condições de trabalho são próximos aos dos artistas, indicaria uma reconversão geral da cidade? Tornar-se-ia a cidade um recurso para a economia criativa, estando esta apta a substituir a economia industrial na produção de riquezas? A indústria evitava os centros das cidades, sua falta de espaço e seu custo imobiliário. No que são atrativos esses mesmos centros para a nova economia? É bem verdade que as atividades criativas ocupam menos espaço. Mas o ponto fulcral é que as qualidades intrínsecas à cidade, os pontos de encontro, convergem nas necessidades dessas atividades. De fato, os encontros facilitam o trabalho dos artistas, são propícios a sua criatividade e à renovação de seu contato com o público. O mesmo fenômeno pode ser observado em outras esferas da economia criativa. Enquanto a economia industrial se espalha, se transfere e se beneficia da sua reorganização globalizada, a economia criativa tende mesmo a se territorializar, a eleger espaços convenientes nas metrópoles, nos quais disponha da lógica das redes e do face a face entre os prestadores de serviço. O bairro, recurso da produção artística, funciona como um arquétipo dos modos de organização de outras atividades criativas, que encontram na metrópole os recursos para seu desenvolvimento.

DO SOHO A MONTREUIL: O BAIRRO, UM RECURSO DA PRODUÇÃO ARTÍSTICA

A ideia de cidade criativa revela quais são as questões econômicas que estão em jogo e são trazidas pela produção artística e cultural. A presença de artistas constitui o suporte do tecido econômico e cultural local que procede à transformação da criatividade dos artistas em produto ou serviço comercial. Entre o artista criador e o sistema de (re)produção, diferentes intermediários mobilizam suas competências e suas redes para captar essa criatividade e arriscam investir e dar suporte aos artistas, na esperança de um ganho futuro. Tais intermediários têm diferentes caras: o empresário que descobre um jovem cantor em um bar e produz seu primeiro disco; o galerista que realiza a exposição de jovens alunos da escola de artes; o sistema de financiamento que antecipa receitas e permite que diretores produzam seus filmes. De lugar eletivo do trabalho artístico, o bairro rapidamente passa a ser um território de exposição e de venda de criações locais.

No Soho, bairro industrial situado no coração de Manhattan, os artistas estiveram na origem de um duplo processo de reconversão: a reconversão industrial, que se deu pelo desenvolvimento de *lofts*, e a reconversão econômica, que se deu pela constituição desse bairro central privilegiado para o mercado da arte (Zukin, 1982). A reconversão residencial começou nos anos 1960. A saída das empresas industriais liberou amplas construções e impérios imobiliários. Por conta da localização central do bairro, ele foi objeto de vários projetos urbanos e imobiliários, em desacordo com associações de moradores, que receavam um descontrole especulativo. Ao mesmo tempo, os vazios industriais foram progressivamente tomados por artistas, que assinaram acordos de ocupação ilegais com os proprietários,[1] causando inúmeros problemas de segurança (seguro em caso de incêndio por exemplo). Os artistas utilizaram esses locais como ateliês de criação; progressivamente instalaram neles suas residências e fizeram reformas para colocá-los dentro de normas, inventando um novo tipo de moradia: o *loft*. A regulamentação da ocupação dos espaços pouco a pouco evoluiu e passou a reconhecer de fato esses novos usos residenciais. Graças aos esclarecimentos jurídicos, os artistas compraram seus ateliês, e, aos poucos, um mercado imobiliário local se desenvolveu. Tomando como base a nova regulamentação de uso dos espaços e as isenções fiscais por conta da reconversão das construções industriais (lei norte-americana de 1975) e da localização central do setor, corretores transformaram os locais industriais vagos em *lofts*, que rapidamente se tornaram um tipo de moradia muito procurado pelos *yuppies* de Manhattan. Se os artistas inventaram e popularizaram esse tipo de imóvel (principalmente por meio das descrições que fizeram dele na literatura e em filmes), foram os corretores imobiliários que de-

---

1. Ilegais porque esses locais não eram próprios para uso senão industrial.

senvolveram o novo mercado, beneficiando-se da riqueza de terrenos industriais desativados, de baixo custo, em uma localização muito procurada, que oferecia interessantes oportunidades de lucros. Em seus discursos de venda, eles exploravam a presença de uma vanguarda artística para fazer do lugar uma vanguarda urbana.

A reconversão econômica se produziu quando o Soho se tornou um lugar – senão *o* lugar – central no mercado mundial da arte contemporânea. Em um primeiro momento, a reconversão do Soho permitiu a inscrição territorial de uma nova geração de artistas nova-iorquinos, para os quais a instalação no bairro foi uma modalidade de inserção profissional e social. Em Montmartre, Montparnasse, Greenwich Village e agora no Soho, a proximidade geográfica entre artistas favorece o nascimento de amizades e de redes de afinidades, o desenvolvimento de projetos coletivos e o reconhecimento dos semelhantes. É bem verdade que, nos anos 1960, os jovens artistas do Soho trabalhavam em locais vetustos, mas estes ofereciam qualidades de luz e espaço a um preço irrisório. Em suas obras, eles exploraram e colocaram em cena a importância do lugar de criação, redimensionando suas obras de acordo com as dimensões do ateliê, trabalhando o ateliê nas exposições e deslocando fronteiras do tempo de criação e do tempo de exposição. Essas construções ofereciam condições excepcionais de criação e de exposição para as obras monumentais. Rapidamente, galerias abriram espaços de exposição e de venda próximos aos ateliês de criação, desenvolvendo relações privilegiadas com os artistas do setor e propondo a descoberta do bairro a seus ricos clientes-colecionadores de Manhattan. A proximidade com o conjunto de atores do mundo da arte (colecionadores, críticos, galeristas, curadores) contribuiu para a legitimação do artista enquanto tal (Bordeuil, 1994). O desenvolvimento de galerias de arte comerciais agiu como um mediador no reconhecimento desse novo setor urbano ao posicionar as obras em seu ambiente de criação e afirmar o papel do novo bairro de artistas como lugar central no mercado da arte contemporânea.

A reconversão e a gentrificação de Hoxton e de Shoreditch, no East End londrino, vive um processo similar: a inscrição territorial de uma corrente artística (os Young Britsh Artists, YBA), que aproveitou a abundância de locais vagos a baixos preços, rapidamente foi seguida pela abertura de galerias de arte, que promovem artistas e fazem descobrir o bairro a seus compradores. Aqui, um novo ator intervém: o colecionador, em particular um colecionador, Charles Saatchi, cujo investimento nos jovens artistas YBA é um catalisador do reconhecimento desses talentos pelo mercado da arte, atraindo para eles e para seus estúdios todos os olhares e financiamentos. Progressivamente, diversas empresas criativas se instalam (*design*, arquitetura, *design* gráfico), e cafés e restaurantes abrem suas portas para receber os banqueiros da City* ao lado, fazendo de Hoxton a extensão criativa do centro de negócios (Ambrosino, 2008).

Em Montreuil, perto de Paris, observa-se o mesmo fenômeno. Jovens profissionais de ofícios artísticos (desenho gráfico, *design*, audiovisual) e artesãos (figurinista, carpinteiro, etc.) se instalam no setor do baixo Montreuil. Se o acaso e os critérios de localização clássicos (preço, acessibilidade) motivam suas escolhas de instalação, outros elementos os guiam em direção a Montreuil, antiga cidade industrial, em que inúmeras usinas e locais de trabalho manual estão vagos. Tais imóveis moduláveis

---

* Denominação do centro financeiro de Londres. (N. T.)

são adaptados às necessidades específicas dessas atividades e abrigam a residência e o local profissional ao mesmo tempo. A presença de outros membros das redes profissionais atrai novos moradores, desencadeando um processo de concentração ainda mais intenso do que nos meios culturais, nos quais a fronteira entre vida profissional e vida privada é porosa: os parceiros profissionais frequentemente são amigos. Esse processo de entre-si profissional pode iniciar um processo de gentrificação, amplificado pelas consequências dos modos de organização da produção cultural. A proximidade geográfica fluidifica e torna suportável uma organização de trabalho baseada na instabilidade, na flexibilidade, na confiança e no conhecimento mútuo. A produção artística se caracteriza por um modo de produção flexível, especializado e territorializado, em que o bairro é um recurso para o desenvolvimento das atividades profissionais do artista. Para os profissionais de ofícios artísticos, instalar-se em Montreuil é também afirmar uma distância em relação ao espaço institucional e comercial da criação cultural, em particular do audiovisual, cujas principais empresas se concentram na zona oeste parisiense. Trabalhar e viver em Montreuil é reivindicar o enraizamento em um espaço de produção intermediário, que se distingue ao mesmo tempo dos espaços centrais de autocelebração do mundo do espetáculo e dos espaços de produção de massa (Hatzfeld *et al.*, 1998).

O ENRAIZAMENTO TERRITORIAL DA PRODUÇÃO CULTURAL

A função do bairro de artistas no desenvolvimento da comercialização das obras se compreende facilmente. As obras dos criadores se beneficiam de condições favoráveis a sua comercialização: a presença de intermediários (galeristas), assim como de lugares de exposição e de espetáculo, e a atração de consumidores curiosos (colecionadores) exercida pelos criadores. Para explicar a importância do território na produção cultural e criativa, convém primeiro relembrar as especificidades do setor cultural e do seu modo de produção.

A economia da cultura é marcada por uma grande incerteza: cada produto é único e singular; sua recepção pelo público é uma aposta; sua produção é um risco comercial (Benhamou, 2004). Na França, o setor cultural se beneficia de um apoio público significativo. As políticas de incentivo às indústrias culturais são compreendidas ao mesmo tempo como políticas de apoio à criação e como elementos de uma política econômica em nome dos impactos diretos e indiretos dessas produções na economia francesa.[2] No setor de espetáculos ao vivo, a não reprodutibilidade da obra acarreta custos de produção elevados e não enxugáveis, provocando um desequilíbrio orçamentário recorrente (Baumol & Bowen, 1966). Enquanto os progressos técnicos permitem ganhos de produtividade em inúmeras atividades, os custos de produção do espetáculo ao vivo residem essencialmente nos custos de mão de obra. Logo, a criação de um evento – uma ópera, por exemplo – necessita sempre de um tempo de ensaio e de um número não redutível de intérpretes. Diante da ausência de ganho de produtividade, os estabelecimentos desenvolvem diferentes estratégias: aumento dos ingressos, com o risco de levar a uma baixa de

---

2. Em 2006, o setor cultural representou 7% do montante dos negócios de serviços comerciais, de um valor total de 43 bilhões de euros (Deroin, 2008). A balança comercial da França é pouco excedente, mas exporta mais de 2 bilhões de produtos culturais (Lacroix, 2009).

espectadores; ampliação do público por meio de políticas de democratização, com foco em um público popular, para rentabilizar o investimento mediante o aumento do número de apresentações; apelo a subvenções públicas. Uma última estratégia, adotada pelos teatros da Broadway, consiste em produzir apenas espetáculos de grande público, cujas fórmulas já foram experimentadas em outros lugares do mundo (como as comédias musicais adaptadas de desenhos animados bemsucedidos da Walt Disney), em detrimento da qualidade e da pesquisa estética, mas mantendo, mesmo assim, altos preços de ingresso.

As indústrias culturais se inscrevem nessa lógica dupla de produção criativa e reprodutibilidade industrial. O processo criativo está no coração da produção, já que ele concebe o conteúdo. As indústrias culturais captam a criatividade para transformá-la em um produto cuja reprodutibilidade permite rentabilizar uma produção dispendiosa e explorar os sucessos junto a um vasto público. As indústrias culturais funcionam como um sistema de concorrência monopólica, no qual alguns oligopólios dominam o setor, e diante deles subsistem pequenas estruturas independentes que assumem o risco de produzir novos artistas ou novos gêneros. A atividade está concentrada no seio de alguns grandes grupos transnacionais, que dominam o conjunto de etapas de vida do produto: sua criação, sua produção e sua divulgação. A terceirização e a subcontratação de certas funções repartem o risco comercial entre vários atores. A diversificação da oferta segundo a lógica de catálogo também minimiza os riscos comerciais – um sucesso reequilibrando os efeitos financeiros de vários fracassos. Ela é uma resposta industrial à segmentação da demanda. Essa diversificação passa pela venda e pela compra de pequenas estruturas especializadas em nichos artísticos. O catálogo e os artistas contratados passam então ao centro do grupo, que entra em jogo para atuar com os gêneros ou as práticas emergentes e, assim, antecipar--se e tomar a frente da concorrência.

No mundo da música, muito frequentemente as maiores gravadoras tiram dos catálogos de selos independentes jovens talentos que demonstraram seu potencial comercial, oferecendo-lhes melhores oportunidades de carreira, com as mais amplas redes de divulgação. Diante do risco de fuga de seus artistas mais rentáveis, os pequenos selos devem, portanto, renovar continuamente seu repertório, apostando na criatividade de novos artistas. A necessidade de inovação e de diferenciação é ampliada pela versatilidade e pela renovação constante de subgêneros culturais. Assim, a indústria do disco francesa se organiza ao redor de quatro grandes gravadoras (Universal Music, EMI, Warner e Sony), que dividem entre elas 96% do mercado (Camors *et al.*, 2006), e diante das quais sobrevive uma miríade de produtores independentes, muitas vezes especializados em um gênero musical (o selo francês Fargo possui cantores de *folk* do mundo inteiro) ou que atuam em um território específico (a associação Label, em Rennes, reúne diferentes estruturas de produção fonográfica em apoio a artistas locais).

Em que medida se pode falar em enraizamento territorial ao se referir a essas produções culturais? Tomando-se o exemplo da França, observa-se que, nos setores culturais, o emprego aumentou significativamente nos últimos quinze anos. Os profissionais desses setores representam cerca de 2% da população ativa francesa (400 mil trabalhadores) e se encontram muito concentrados na Île-de-France. Essa região abriga a metade dos efetivos (empregados e estabelecimentos), e nela o emprego cultural constitui 4% da mão de obra. As indústrias e as atividades culturais são muito populares em Paris (mais ainda na zona oeste da cidade) e em Hauts-de-Seine, e emergem verdadeiras aglomerações, como do audiovisual, nos arredores de Boulogne-Billancourt. Novos polos surgem em Plaine-Saint-Denis e na zona leste parisiense, notadamente em função da localização das atividades de filmagem dos estúdios de audiovisual.

Tal concentração territorial da indústria cultural se explica pela organização flexível da produção por projeto: a necessidade de proximidade entre produtores, gestores e publicitários incita os produtores a se instalarem em Paris, apesar dos significativos custos imobiliários. Por exemplo, para os selos musicais independentes, a localização em Paris permite melhor acesso às rádios, às salas de espetáculos e aos produtores de turnês e, para a imprensa especializada, suportes de promoção e de difusão do seu produto. Para certas atividades artísticas, como o espetáculo ao vivo, a localização no seio de uma metrópole oferece acesso a um público amplo e exigente, que permite que se assumam riscos estéticos. Quanto à editoração e ao audiovisual, a Île-de-France é praticamente o único polo de produção – ainda que haja experiências locais cuja qualidade da produção é tão alta que não condiz com o seu baixo peso na produção global, como as edições Actes Sud, em Arles. Por fim, Paris – e em menor medida Lyon – é um importante centro da indústria do *videogame*, graças à qualidade das suas escolas (de engenharia e de desenho gráfico) e da existência de uma rede de trabalhadores qualificados, que transitam entre os diferentes estúdios de criação, de acordo com os projetos. Com o reconhecimento da importância dessa atividade para o território, as empresas do setor se estruturaram em associação e criaram o sistema produtivo local Capital Games, apoiado por Paris. Hoje, Capital Games é parte interessada do polo de competitividade Cap Digital (Halbert *et al.*, 2008).

A organização da produção de cinema de Hollywood inspirou a formalização da teoria da especialização flexível (Storper & Christopherson, 1987). Antes, os estúdios hollywoodianos empregavam, por contratos de longa duração, o conjunto dos trabalhadores necessários à produção de um filme (técnicos, atores, diretores, maquiadores). Esses estúdios se desmantelaram e deram lugar a uma gestão de filmes por projeto, em que o produtor mobiliza diferentes profissionais de uma rede de recursos. Os agentes (atores, técnicos, roteiristas) são convidados a integrar o projeto em uma etapa particular da produção, constituindo uma equipe de projeto que se desfaz ao fim da produção. Os últimos anos viram o surgimento de novas modalidades de organização dessas produções e a inserção delas em novos territórios. Se a indústria do cinema norte-americano permanece baseada em Los Angeles, grande parte das filmagens acontece no Canadá, onde os salários são menores e o nível de competência é equivalente, ou em estados norte-americanos nos quais políticas fiscais convidativas sustentam a economia local do audiovisual, atraindo as filmagens.

A METRÓPOLE COMO SUPORTE DA ORGANIZAÇÃO DAS ATIVIDADES CRIATIVAS

O modo de organização da produção artística é representativo do de outras atividades criativas. As propostas econômicas de Richard Florida e a importância econômica que ele atribui às indústrias econômicas ditas criativas se inscrevem na continuidade das pesquisas desenvolvidas em economia territorial desde os anos 1990. Essas pesquisas evidenciam a importância das economias de aglomeração para todo um campo da atividade econômica que necessita de competências e habilidades específicas, para as quais as relações face a face contribuem no processo de produção (como no caso das atividades de *designer* ou de consultor). As metrópoles são os territórios privilegiados de tais transações, concentrando as atividades econômicas de ponta, pois oferecem o conjunto de recursos e de serviços necessários à produção (Sassen, 1996). A dispersão geográfica das atividades econômicas e a reorganização da indústria financeira provocam a constituição de novas formas de centralização de certas atividades. O desenvolvimento dos mercados financeiros acarreta a criação de uma vasta infraestrutura de serviços muito especializados, localizados em grandes metrópoles mundiais. Segundo o sentido bastante amplo que Richard Florida dá à criatividade, várias dessas atividades entram hoje na nova categoria das atividades criativas: seria o caso dos juristas, financistas, publicitários, corretores imobiliários, etc. A negociação e a relação entre os atores são instrumentos de resolução de problemas complexos ou de concepção de novos produtos. Os efeitos da aglomeração, entre os quais a proximidade, reduzem os custos de transação, principal fator de redução dos custos de produção.

Das finanças à concepção de jogos de *videogame*, da pesquisa biomédica ao direito de negócios internacionais, as atividades reputadas como criativas requerem mão de obra abundante, qualificada e flexível, proximidade entre gestores e executores, inúmeras interações face a face, centros dinâmicos de pesquisa e de inovação e disponibilidade de capitais. O território metropolitano substitui a empresa como suporte de organização da produção, favorecendo a articulação do trabalho dos diferentes atores, tanto gestores quanto prestadores de serviço. A diversidade e a proximidade dos recursos característicos da aglomeração viabilizam modos de organização da produção de atividades criativas: sem estrutura estável, organizadas por projetos, as equipes se criam e se desfazem de acordo com as encomendas e as necessidades, com a etapa de desenvolvimento do projeto e com as necessidades específicas de mão de obra, multiplicando as relações contratuais com prestadores de serviço, terceirizados e clientes. A concentração das atividades de uma mesma etapa de produção em um mesmo território restrito (como no caso de *videogame*, na zona nordeste parisiense) permite uma nova organização da produção, marcada pela flexibilidade e pela terceirização. Essa especialização flexível da produção é possibilitada pela concentração de empresas variadas (em tamanho e em número de negócios e de setores de atividades), que participam de diferentes momentos de uma mesma etapa de produção e cuja entrada na rede constrói um sistema produtivo local, considerado favorável à inovação. A proximidade entre diferentes atores da produção responde às necessidades das empresas em termos de flexibilidade, de redução de custos de transação, de interações, de construção de confiança entre os atores por conhecimento mútuo. A presença de uma vasta rede de fornecedores, terceirizados e clientes em um mesmo território melhora as trocas comerciais. No mesmo reservatório de emprego, encontra-se um conjunto de competências e variados níveis de qualificação, aptos a satisfazerem as diversas necessidades de mão de obra.

Nesse sentido, o Vale do Silício constitui o arquétipo de sistema produtivo local. A proximidade geográfica entre diferentes empresas oferece mais possibilidades de mobilidade aos trabalhadores, seja em relação às funções, seja em posições da empresa no cerne da etapa de produção (é o caso daqueles que obtêm um melhor cargo com um antigo prestador de serviços). A concentração de empresas em uma pequena área simplifica e favorece a mobilidade profissional: mudar de emprego e de empresa não implica modificações na vida cotidiana nem mudança geográfica, já que o profissional permanece situado na mesma região. As hierarquias profissionais são mais brandas, pois são constantemente colocadas em questão por essa mobilidade: o chefe de ontem se torna o cliente de hoje e o terceirizado de amanhã (Saxenian, 1994). A mobilidade interempresarial dos trabalhadores é, ao mesmo tempo, um modo de circulação das informações e dos métodos de trabalho, um modo de socialização para os trabalhadores e um modo de construção da confiança entre parceiros que frequentemente se cruzam. O dinamismo do Vale do Silício repousa em grande parte sobre essa rede de relações interpessoais muito fortes, com frequência tecida desde a universidade e conservada na esfera profissional e privada graças à frequentação, pelos atores, dos mesmos lugares de socialização (cafés, restaurantes, clubes, organizações filantrópicas). Os laços de amizade são mais eficientes nas trocas de informações e na difusão das inovações dentro desse cenário do que dentro dos canais profissionais tradicionais. No entanto, para os trabalhadores, tal organização da produção significa um crescimento do emprego temporário e, consequentemente, contratos curtos, desemprego frequente e desestabilização das condições de trabalho. Nela, eles se adaptam ao multiplicar suas redes (entre elas, as redes sociais profissionais na internet) e ao aprimorar sua formação (por meio de especializações e formações contínuas).

A territorialização das atividades de ponta aparece, pois, para muitos países industrializados, como a solução diante da transferência de atividades industriais estandardizadas para países nos quais o custo de trabalho é menor e as normas ambientais são menos restritivas. A União Europeia, pelo Tratado de Lisboa, leva à agenda das suas políticas econômicas o apoio às atividades de pesquisa e de desenvolvimento (ou seja, a economia do conhecimento) como motor de crescimento econômico e como estratégia de resistência perante as potências econômicas e industriais emergentes (Índia, China, Mercosul). Todavia, essa concepção da economia criativa baseada nas tradições locais e devida às redes de atores localizados é relativamente questionada pelas práticas de certos operadores industriais. Os filmes hollywoodianos são rodados em Vancouver, como mencionado; as produções francesas, na Romênia; a produção de determinados quadros de desenho animado é terceirizada para a China, e até mesmo para a Coreia do Norte (como relata Guy Delisle em sua *graphic novel* autobiográfica *Pyongyang*). A Índia, potência nuclear, não se contenta em ser um terceirizado na gestão das bases de dados da administração inglesa ou o mais importante *call center* do mundo. O nível de formação dos engenheiros locais e os salários significativamente inferiores aos da Europa e dos Estados Unidos incitam numerosas companhias a instalarem centros de pesquisa e desenvolvimento no país. A diferença de fuso horário e o domínio do inglês, por parte dos profissionais indianos, permitem um trabalho contínuo com os Estados Unidos e o Reino Unido, e útil na rápida resolução de problemas complexos. Graças a investimentos locais, uma indústria de ponta se desenvolve na Índia: a Tata Motors lança o carro mais barato do mundo e ainda propõe tecnologias solares de baixo custo a trabalhadores do campo. Bangalore e Hyderabad logo rivalizarão com os centros tecnológicos europeus e norte--americanos. O impacto das transformações organizacionais das indústrias culturais e criativas sobre sua implementação territorial e sobre as dinâmicas metropolitanas que elas mantêm desafiará administradores públicos e políticos em um futuro relativamente próximo.

PROJETAR A CIDADE PARA OS CRIATIVOS

✳

A cidade dos artistas e da economia cultural desempenha o papel de um protótipo da economia criativa. Seria possível se basear em tal modelo para fazer cidades criativas renascerem de cidades ameaçadas tanto pelo declínio industrial quanto pela crescente competição entre as metrópoles no quadro da globalização? Como atrair os investidores e as empresas? Essas são as perguntas que se fazem os políticos eleitos dessas grandes cidades. É bem verdade que eles dispõem da ferramenta dos incentivos fiscais ou da qualidade das infraestruturas e da oferta imobiliária comercial. Mas, como todos recorrem ao mesmo modelo, essas armas perdem sua força e sua eficácia.

A instrumentalização[1] da cultura nas operações urbanas constitui um suporte *a priori* mais original, já que permite va-

---

1. O termo "instrumentalização" é aqui usado sem segundas intenções ou julgamentos de valor de uma revitalização qualquer. Ele designa a transformação de um objeto (por exemplo, o equipamento cultural) em ferramenta, a fim de se alcançar um objetivo ou uma finalidade diferente da natureza primeira do objeto.

lorizar uma vantagem particular levando-se em conta as tradições da cidade. Consequentemente, assiste-se a uma imbricação crescente das políticas culturais nas estratégias urbanas, com vista a atrair e preservar tanto os engenheiros das grandes firmas quanto os artistas – essa famosa "classe criativa". Esse processo de gentrificação – que começa pela instalação de artistas *off*, seguida pela chegada das classes médias criativas, mas precárias, e termina com a chegada de engenheiros e executivos de grandes empresas, com salários exorbitantes – se produz espontaneamente em inúmeras cidades. Com uma política deliberada, municípios esperam replicar a gentrificação, com intervenções focadas em certos bairros e com a criação de equipamentos culturais de prestígio, que misturam habilmente a arte e o urbano. Existem alguns exemplos célebres de sucesso de tal medida. No entanto, eles são muito raros, e se assiste antes a uma descaracterização da dimensão cultural dos equipamentos em questão – a tal ponto que cabe perguntar se a cidade dos criativos assim programada se mantém criativa.

A INSTRUMENTALIZAÇÃO
DA CULTURA

Os atores urbanos não esperaram Richard Florida para restaurar e devolver um valor simbólico à cidade-centro, com o objetivo de atrair aqueles que ainda não se chamavam de "criativos", mas simplesmente de "executivos". No Reino Unido, o estabelecimento de uma primeira concepção de cidade criativa visava revitalizar os centros das cidades devastadas pela desindustrialização dos anos 1970, com a ajuda de investimentos privados.[2] A criação de agências de desenvolvimento econômico dedicadas às empresas criativas veio acompanhada de intervenções de segurança nos espaços públicos (expansão da videovigilância) e da melhoria da oferta cultural, por meio da concepção de novos equipamentos que simbolizam uma nova articulação entre as políticas culturais e as estratégias urbanas. É bem verdade que a satisfação das necessidades dos habitantes permanece sendo o objetivo primeiro das políticas culturais das municipalidades. Trata-se de oferecer aos cidadãos momentos de relaxamento e de distração, de descontração pessoal e de reflexão, de prazer estético e de deleite. Mas a essas considerações educativas, estéticas e cidadãs agora se acrescenta outra preocupação: a cidade cultural se tornou um indicador da qualidade de vida de uma cidade, em particular na classificação das "cidades em que é bom viver" efetuada regularmente por revistas. Melhorar o ambiente no qual se vive (e divulgá-lo) torna-se uma condição necessária para atrair empresas, em particular aquelas de alto valor agregado, cujos executivos necessitam de serviços culturais. Para se posicionar nessa nova competição global, as cidades colocam em prática estratégias de diferenciação nas quais a cultura desempenha um papel predominante, como vantagem comparativa em matéria de oferta de serviços e, ao mesmo tempo, como ferramenta de transformação e de desenvolvimento econômico.

A criação de novos equipamentos culturais visa dotar a cidade de uma infraestrutura de prestígio, em torno da qual se articula o conjunto do projeto urbano. Recorrer a uma ar-

---

2. Essa caixa de ferramentas da revitalização urbana foi proposta por Charles Landry e Franco Bianchini no começo dos anos 1990 (Landry & Bianchini, 1995).

quitetura espetacular, concebida por um arquiteto de renome, produz assim uma nova imagem da cidade: a construção em questão se torna símbolo da reconversão pós-industrial da região e da sua capacidade de colocar em prática projetos de grande envergadura. Por sua arquitetura icônica, a construção revela a modernidade e a criatividade da cidade aos olhos dos visitantes e dos investidores externos. Além disso, certos atrativos, como os museus, constituem destinações turísticas por si sós e geram recursos econômicos, beneficiando toda a cidade.[3] Zênites em museus, *multiplex* em auditórios, esses equipamentos são concebidos como ferramentas de reestruturação urbana, criando novas centralidades e novos fluxos e contribuindo para a revalorização imobiliária e reabilitação simbólica da cidade.

O amplo consenso do qual se beneficia esse tipo de projeto de base cultural está na reputação mundial de algumas operações brilhantes, entre as quais a mais notória é a implantação do museu Guggenheim em Bilbao, sucesso tanto simbólico quanto turístico. Sofrendo com a crise industrial e com certos medos suscitados pelo ativismo e pelo terrorismo independentista basco, a cidade de Bilbao lançou, no começo dos anos 1990, um vastíssimo projeto urbano que visava recuperar vazios industriais e portuários e transformá-los em bairros urbanos, a fim de atrair novas atividades econômicas. No centro do projeto, desde o princípio, os vereadores locais quiseram articular a reconquista urbana com um investimento importante na vida cultural, por meio da implementação de uma obra excepcional. As autoridades bascas procuraram

---

3. Um estudo recente estima em mais de 1,5 bilhão de libras esterlinas o impacto econômico da frequentação turística nos principais museus britânicos (Travers, 2006).

a fundação Guggenheim, que fez a seguinte proposta: em troca do pagamento de uma franquia (da ordem de 20 milhões de euros), a fundação se comprometeria a organizar exposições a partir da sua coleção e a fornecer *expertise* artística e de manutenção, com vista a explorar um museu cuja arquitetura seria escolhida pela fundação (o arquiteto foi Frank Gehry), e os custos de construção seriam assumidos pelas autoridades locais (cerca de 160 milhões de euros). Em sua abertura, a frequentação do museu ultrapassou – e muito – as estimativas; e, em uma década, 10 milhões de pessoas visitaram a instituição e a cidade. O impacto turístico dessa visitação é inegável: antes da abertura do museu, os poucos visitantes se hospedavam na cidade apenas durante a semana e por razões profissionais. Hoje, Bilbao é um destino turístico de final de semana, recebe cerca de 700 mil visitantes por ano e gera receitas fiscais suficientes para que o investimento público seja rentabilizado a partir de 2015 (Plaza, 2006).

O caso de Bilbao é uma referência universal, citada espontaneamente para justificar todas as tentativas de instrumentalização da cultura em projetos urbanos. Provavelmente, isso ocorre porque é o único sucesso exemplar na matéria! As condições de reprodução dessa operação parecem impossíveis de reunir. Encenar outra vez o mesmo roteiro, com algumas adaptações locais, é fazer uma aposta de alto risco, como mostrou o abandono do projeto da Fundação Pinault na operação urbana de Boulogne-Billancourt. Fascinado pela extensão do projeto, o responsável por sua execução organizou o conjunto de transformação da ilha Seguin em função do programa Pinault, sem se certificar de sua exequibilidade, principalmente no que diz respeito à coerência do projeto cultural. Os efeitos do abandono do projeto sobre a montagem da operação foram tão grandes quanto as expectativas que ele suscitava (Vivant, 2009). Sem prognóstico do que seria, o impacto econômico e turístico do Louvre-Lens talvez tenha sido supervalorizado. Mesmo que os agenciadores do projeto anunciassem ao público, em sua argumentação informativa, querer reproduzir o efeito econômico do Guggenheim, a criação de uma sucursal do museu do Louvre em Lens foi decidida em um contexto completamente diferente: não havia um projeto urbano coerente nem infraestruturas turísticas, sem mencionar que Lens fica muito próximo de outros centros urbanos e turísticos (Lille e também Paris). Era grande o risco de que o Louvre-Lens se tornasse mais uma escapadela de Lille do que uma destinação em si, e de que o fundamental dos impactos turísticos beneficiasse Lille, criando poucos empregos em Lens.

A POLÍTICA DAS CONCHAS VAZIAS

Essas práticas de instrumentalização da cultura a fim de torná-las políticas urbanas se tornaram possíveis graças à recente evolução dos mundos culturais, em particular os museus. Em seus sonhos de grandeza, as principais instituições do setor desencadearam uma deriva comercial que transforma o museu em um lugar de consumo como qualquer outro e, isso à parte, implanta práticas comerciais junto à contemplação das obras. É possível oferecer um almoço de negócios no terraço do Centre Pompidou, um passeio lúdico com as crianças nos tobogãs do Turbine Hall, na Tate Modern, um retoque de maquiagem nos banheiros de acesso público de um Guggenheim, comprar presentes em uma loja do Carroussel du Louvre, e até mesmo passar uma noite romântica no único quarto do Hotel Everland, no topo do Palais de Tokyo, em Paris. A racionalização da gestão desses equipamentos leva ao desenvolvimento de práticas como o *deaccessioning* (cessão de obras das coleções dos museus), a terceirização das atividades anexas (limpeza, segurança) e da organização das exposições, a gestão arriscada de *endowments* (fundos de doação) cujo retorno do capital aplicado na bolsa enriquece o orçamento de funcionamento (Vivant, 2008). Enquanto a crise financeira de 2008 revelou os limites do modelo de gestão empresarial dos museus norte-americanos, a lei francesa sobre a modernização da economia nesse mesmo ano organizou o contexto jurídico de modo a criar fundos de doação "à francesa". O Louvre criou, assim, o primeiro fundo de doação francês, alimentado principalmente pelo pagamento da franquia da marca Louvre pelos Emirados Árabes Unidos na estrutura do museu Louvre-Abu Dhabi. A criação de sucursais ou de ramificações representa a passagem a uma nova paisagem museal no mundo, marcada e conduzida pela corrida à reputação e aos financiamentos. Essas novas sucursais são uma resposta tanto a uma demanda local de instalação de museus de prestígio como a uma estratégia de dispersão e de expansão geográfica dos próprios museus. Os diretores de museus, como os administradores municipais, apostam no papel urbano dos museus para justificar aos seus conselhos de administração ou a conselhos municipais certos investimentos imobiliários.

Apegando-se ainda mais à forma (pela escolha de uma arquitetura icônica) e ao logo (por recorrer a uma franquia de instituições de prestígio) do que ao conteúdo (o programa cultural), tais projetos perdem muito rapidamente em substância, e o museu, em qualidade. Esse desvio dos equipamentos culturais, que se tornam instrumentos de atratividade comercial, fragiliza as operações urbanas nas quais eles se inscrevem e colocam em sério perigo as estratégias que lhes servem de base. Fazer cair de paraquedas um equipamento cultural, sem projeto específico, é um procedimento vão e arriscado.

A instrumentalização da cultura não tem sentido a não ser quando se inscreve em uma história local e em uma política cultural. Isso é o que faz total diferença entre projetos como o Mac Val, em Vitry, e a Fundação François Pinault, em Boulogne. Nesse caso, pode-se, com efeito, classificar Davi em oposição a Golias: o Mac Val é um museu de arte contemporânea que foi aberto em 2006, de tamanho modesto, e desenvolve uma política forte com o público local a fim de iniciá-lo em arte contemporânea. Ele se inscreve na continuidade de uma política cultural departamental de aquisição e de apoio à criação, tendo consciência das especificidades e das dificuldades do território no qual se situa. O projeto do colecionador François Pinault, por sua vez, era monumental, até mesmo desmesurado, no qual a arquitetura roubava o lugar da programação cultural e museal e, na verdade, era o pivô de uma ampla operação urbana. Não se preocupando o bastante com o programa cultural, os urbanistas encarregados da operação não perceberam que esse projeto era apenas uma (grande) concha (quase) vazia, com uma arquitetura demasiado ambiciosa para uma coleção privada, não importando qual fosse sua reputação.

A BANALIZAÇÃO DA CIDADE CRIATIVA

A moda da criatividade é muito recente para que se possa avaliar a eficácia das estratégias enaltecidas por Richard

Florida. Suas proposições visam satisfazer as necessidades de uma categoria de indivíduos (os criativos) mais dotados do que outros em termos de capital econômico, social e/ou cultural. Mas ela comporta obstáculos que já aparecem evidentes pelo efeito da difusão, em inúmeras cidades, das mesmas propostas para atrair criativos. Aplicadas uniformemente, as fórmulas de Florida não constituem mais uma receita: como distinguir, na corrida sem-fim para atrair os criativos, se todas as cidades jogam com as mesmas cartas? A difusão do modelo criativo provavelmente terá consequências similares à difusão do modelo empresarial urbano: uma homogeneização dos modos de fazer e das paisagens urbanas produzidas. Atualmente, distinguir um bairro gentrificado (ou revitalizado) de uma cidade para o de outra é difícil, tanto se assemelham os modos de consumo: encontram-se os mesmos *best-sellers* nas livrarias, a mesma decoração nos cafés (e até o mesmo cardápio), as mesmas músicas ambientes, a mesma moda de roupa. Essa homogeneização (aparente) é veiculada por indivíduos criativos, eles mesmos *gentrificadores*, que viajam ou já moraram no exterior), se interessam pelos universos culturais de outros continentes e constroem, assim, uma paisagem global de consumo urbano cosmopolita. Eles desenvolvem competências estéticas que fazem referência a seu sentimento de pertencimento ao mundo: de Toronto a Melbourne, de Manchester a Grenoble, depois de uma aula de tango e antes de ver um filme coreano, jantam com os amigos em um restaurante tailandês, bebendo um vinho australiano, ouvindo música eletrônica islandesa.

    A diversidade dos trabalhadores criativos e a extensão numérica dessa nova categoria também levam a duvidar da valorização do centro exaltada por Richard Florida na América do

Norte. É bem verdade que os artistas frequentemente moram em espaços centrais da cidade; mas eles não compartilham os interesses, as trajetórias e as lógicas residenciais do conjunto dos criativos (banqueiros, juristas, médicos, engenheiros), que, como os outros norte-americanos, se instalam majoritariamente em homogêneos subúrbios residenciais. Com efeito, pregando os benefícios econômicos dos efeitos de aglomeração, Florida confunde região metropolitana e cidade-centro, ocultando assim a diversidade dos contextos residenciais no seio de uma aglomeração.

Para o teórico, São Francisco é o arquétipo da cidade criativa. A história boêmia de certos bairros (North Beach e Haight--Ashbury), a inscrição territorial da luta pelos direitos civis dos homossexuais (no Castro) e a recente gentrificação da maioria dos bairros centrais, impulsionada pela *dot.com economy* (em Soma e Mission), reafirmam tal concepção da cidade criativa. Essa *dot.com gentrification* derivou de dois fenômenos concomitantes. O desenvolvimento de um parque imobiliário no centro da cidade, adaptado às necessidades dos *start-up** da internet, do ponto de vista tanto da qualidade das redes de comunicação (fibra ótica) e da arquitetura quanto dos critérios reforçados de segurança, foi iniciado com a restauração de antigas construções industriais e armazéns e sua transfiguração em locais de atividades, o que transformou a paisagem socioeconômica do Soma (South of Market). Paralelamente, o desenvolvimento do Vale do Silício e a rápida valorização, na bolsa de valores, das empresas ligadas à internet permitiram a emergência de uma categoria de trabalhadores jovens, bem

---

* Grupo de pessoas ou empresa que investe em uma ideia diferente e que está à procura de um modelo de negócio eficiente para desenvolver seu projeto. (N. E.)

diplomados e super-remunerados, provocando, de um lado, uma enorme desigualdade de salário entre eles e os trabalhadores do local, e, de outro, uma especulação muito ativa no setor imobiliário e em todos os demais setores de consumo (Solnit & Schwartzenberg, 2000). No que diz respeito à aglomeração, a importância dada ao desenvolvimento do centro de São Francisco deve ser moderada. O dinamismo econômico da zona metropolitana se inscreve principalmente fora da cidade-centro, no Vale do Silício, em torno de San José, uma vasta *edge city** sem qualidade urbana, na qual muitos profissionais da internet residem. As cidades periféricas, como Dalston, concentram grande parcela dos programas imobiliários em desenvolvimento e conhecem o mais forte crescimento demográfico. Identificar o dinamismo criativo de aglomeração na cidade de São Francisco e concluir preconizações urbanas inspiradas em figuras e formas urbanas do centro de São Francisco é um erro de apreciação e de interpretação.

Igualmente, na Île-de-France, o planalto do Saclay – polo tecnológico e centro criativo situado na periferia sul, em que se concentram enormes laboratórios de pesquisa e empresas de alta tecnologia – não é marcado por um caráter ultraurbano nem por um polo de concentração de diversas criatividades, como a artística, sendo o número de empresas culturais até mesmo inferior à média (Greffe & Simonet, 2008). Isso revela os limites da aglomeração de indivíduos de trajetórias sociais díspares no seio de uma mesma "classe" social: o caráter criativo de sua atividade profissional não justifica por si só a convergência de necessidades, interesses e práticas so-

---

* Grandes áreas que ficam no entorno das grandes metrópoles. Possuem escritórios, lojas e opções de lazer em locais que, até pouco tempo antes, eram residências mais afastadas dos centros urbanos. (N. E.)

cioespaciais. Longe da tese uniformizante da classe criativa, as limitações financeiras e as trajetórias individuais díspares induzem trajetórias residenciais diferentes. A atual crise (imobiliária, energética e financeira) talvez leve os norte-americanos a mudarem de comportamento em matéria de localização residencial, validando assim as teses de Richard Florida. Recentemente ele reforçou a sua argumentação, afirmando que essa valorização da centralidade urbana é uma solução à dupla crise, energética e imobiliária. Motivar os reinvestimentos nos centros, espaços privilegiados de expressão da diversidade e da criatividade urbana e, ao mesmo tempo, fatores de densificação, induz a redução dos deslocamentos e dos consumos energéticos implicados. Atrair a classe criativa aplicando-se os preceitos de Florida permitiria sair da crise e ainda preservar o meio ambiente, como ele afirma?

Enfim, a construção de infraestruturas culturais não garante, sozinha, a dinamização cultural de um bairro, e muitas vezes a criação artística foge de setores culturais formatados e planejados. A subsistência e a resistência de novas gerações de artistas têm por objetivo questionar as práticas dominantes e propor alternativas diante das quais o urbanista, o ator político e o responsável por uma instituição cultural fiquem (em um primeiro momento) desarmados. A renovação das propostas culturais e artísticas pelas cenas *off* fogem do controle, das regulamentações e das instrumentalizações porque ela é, aqui, a cidade criativa.

CONCLUSÃO

O PARADOXO
DA CIDADE CRIATIVA

✳

O conceito de cidade criativa remete, portanto, a dois fenômenos diferentes, porém ligados, já que um serve de modelo ou de pretexto ao outro. Por um lado, há o processo de gentrificação dos bairros de artistas, nos quais se dá a convergência das condições de trabalho e dos modos de vida dos artistas e dos profissionais intelectuais que se tornaram precários. Não é uma atração e um fascínio pelos artistas, mas a instabilidade e os baixos salários, a mobilidade e as necessidades de acessibilidade e proximidade com os semelhantes e com os empregadores e gestores potenciais que criam, para esses profissionais intelectuais, restrições similares àquelas dos artistas e explicam as escolhas residenciais daqueles em favor de bairros centrais e baratos. Por outro lado, há a política de valorização da cidade através de uma instrumentalização da cultura, a fim de atrair executivos e altos salários. Essa estratégia se inspira na observação do papel dos artistas na revalorização dos bairros degradados e quer duplicá-la na escala da cidade, para atrair uma população mais sensível ao charme da boêmia. Os valores promovidos e mobilizados por tais operações enfocam mais o consumo, a segurança e a permanência do que as ideias de tolerância, de encontro e de criatividade. Mesmo que objetos promovidos por essa segunda postura evoquem objetos da primeira (como os *lofts*), a atmosfera urbana que se busca é sensivelmente diferente.

Assim, dois processos diferentes conduzem à produção de paisagens similares (*lofts*, cafés "modernos" e galerias de arte), todavia habitadas por populações de trajetórias sociais, salários e interesses muito diferentes. Como as políticas de revitalização urbana são muitas vezes colocadas em prática em bairros que estão conhecendo um processo espontâneo de gentrificação, a confusão entre os dois fenômenos pode parecer irreversível à primeira vista. Mas, com o tempo, essas políticas acentuam o processo de revalorização imobiliária inaugurado pela gentrificação espontânea e provocam uma mudança da população, que acaba por sufocar o caráter boêmio do setor e conduzir à expulsão dos artistas e dos primeiros gentrificadores. A produção da cidade pela classe criativa exclui a parcela boêmia e tende a inibir a criatividade em lugares promovidos como criativos. A pretensão de programar e promover revela desconhecimento das instâncias da *serendipidade*, condição de expressão da criatividade.

A SERENDIPIDADE, CONDIÇÃO URBANA DA CRIATIVIDADE

O termo "serendipidade" expressa o papel do acaso nas descobertas, graças ao qual se encontra algo que não se estava procurando. Ele surgiu no século XVIII, em uma carta de Horace Walpole a Horace Mann, na qual conta a história de três príncipes de Serendip (antigo nome da ilha Ceilão, hoje Sri Lanka) que, na ocasião de um périplo, por suas observações, curiosidade e sagacidade, resolviam enigmas que não estavam investigando e que não eram objeto de sua busca. Por exemplo, eles compreenderam que um camelo caolho os precedera no caminho, porque somente o pasto de um lado da estrada fora comido, ainda que o do outro lado fosse mais macio.

Esse termo, apesar de pouco usado, é muito importante para expressar o papel do acaso nas descobertas científicas e também nos pequenos prazeres da vida e da cidade. A serendipidade está no coração das narrativas das descobertas científicas. Por exemplo, as virtudes curativas da penicilina foram descobertas por Alexander Fleming porque ele deixou, por negligência, uma cultura bacteriana se desenvolver. Ao folhear um dicionário a fim de verificar a ortografia de uma palavra, o leitor cai por acaso em outra, desconhecida, e se demora em sua definição para saber mais, contente por ter enriquecido seu vocabulário. Na biblioteca, o olhar se detém na lombada de um livro de título enigmático e promissor, ainda desconhecido ao futuro leitor. A serendipidade é também um caráter e uma qualidade próprios da caminhada e da deambulação na cidade. O passante, ao sabor de seu humor, circula, demora-se, volta-se e descobre, na esquina de uma rua, uma passagem coberta, uma loja inédita, uma construção surpreendente. A qualidade da cidade está em permitir esses acasos e oferecer ao passeante surpresas e encontros improváveis.

    A criatividade se alimenta da serendipidade. Ao gosto das associações inéditas e dos encontros fortuitos, os criadores fazem emergir novas ideias, propõem novas formas e maneiras de fazer. Um cenário formatado e planejado não viabiliza tal espaço de imprevisto. Mais do que conceber uma cidade criativa, o desafio do urbanista é criar condições de serendipidade e de criatividade, deixando espaço para o desconhecido e aceitando que apareçam na região práticas não planejadas, até mesmo não autorizadas, que tornam possíveis encontros imprevistos e improváveis (Ascher, 2007).

AS CENAS ARTÍSTICAS *OFF*: CONVITE À SERENDIPIDADE URBANA

Para finalizar, retomaremos as primeiras reflexões desta obra sobre a importância das cenas artísticas *off* para o sistema da produção artística e a cidade. Espaços da criatividade artística, os lugares culturais *off* constituem, ao mesmo tempo, um respiro na cidade, zonas de intemperança, lugares de imprevistos, cenas da marginalidade e surpresas urbanas. Criados por necessidade, descobertos pelo passante durante um passeio, percebidos pelos *experts* da arte como potenciais locais de integração de jovens artistas promissores, os lugares culturais *off* representam as virtudes do acaso da cidade. Por sua dimensão temporária, lúdica e festiva, esses lugares constituem uma experiência extraordinária e um espaço de criatividade, de liberdade e de resistência e, assim, fazem a cidade, seus habitantes e seus visitantes sair da rotina e dos hábitos cotidianos.

As cenas *off* oferecem um espaço de expressão para gêneros musicais *underground* (do *techno hardcore* ao *garage postpunk*), entre os quais alguns carregam estereótipos negativos: música de selvagens, jovens marginais com *look* ameaçador (gótico, *hip hop*, *punk*). No entanto, em Liubliana, Londres ou Paris, os lugares *off* são sobretudo polos de atividades noturnas e ocasionais, nos quais a juventude vive, por uma módica soma, experiências únicas e memoráveis. Com sua programação eclética, revitalizam e reinventam a paisagem cultural e noturna das cidades. Constituem espaços de liberdade e de jogo para os notívagos. De liberdade, porque as noites *off* não seguem todos os protocolos regulamentares: nelas, não há controle na entrada, horário para fechar, limites de decibéis. De jogo, porque a procura pela festa *free* da noite parece muitas vezes um jogo de detetive. Por conta de seu caráter temporário, inúmeros lugares *off* tornam-se acontecimentos urbanos. A inconstância desses lugares torna a visita a eles mais preciosa: neles estando, o citadino capta a atmosfera e participa de um microevento.

A reputação de um lugar *off* ultrapassa a comunidade de seus participantes e se inscreve na história coletiva da vida cultural e artística da cidade. As cenas *off* participam da produção das representações da cidade e se tornam, por vezes, elementos essenciais de sua imagem, atrações do mesmo nível de museus e festivais. A Hacienda, clube *off* dos anos 1980 que viu nascer a essência da cena *rock* e *house* britânica, tornou-se um símbolo cultural de Manchester e, atualmente, é valorizada em uma exposição organizada pela cidade. Os muros pintados de Belfast, que expressam e representam os momentos-chave da guerrilha norte-irlandesa, perdem progressivamente sua força política para se tornarem atração turística. Para o turista de Berlim, assistir a eventos culturais *off* é algo muito parecido com participar de um acontecimento histórico: a reunificação e a invenção de uma nova capital (Grésillon, 2002).

Progressivamente, apesar da imagem de marginalidade que veiculam, os lugares *off* se tornam instrumentos na produção da imagem de uma cidade. Em muitas delas, evolui a atitude dos poderes públicos em relação a essas cenas: antes opositores, eles agora veem nelas possíveis fermentos de criatividade urbana. Os *squats* de artistas não são mais sistematicamente desfeitos e podem se beneficiar de prorrogações, em função de sua ação cultural. Alguns trabalham para o reconhecimento do trabalho do "artista *squatter*" e funcionam como agentes artísticos clássicos, organizando mostras e *vernissages*, editando *flyers* informativos sobre exposições, integrando-se em manifestações artísticas. Em Paris, o *squat* Chez Robert, Électron libre – situado estrategicamente no centro da capital, na rua Rivoli –, foi comprado pela cidade, em maio de 2002, com o objetivo de se criar um novo lugar de produção artística, em diálogo com os artistas *squatters*. Essa institucionalização vem acompanhada da renovação de uma cena *squat* mais radical e contestadora.

Para inventar novos lugares de produção e de divulgação, a cidade de Paris e o Ministério da Cultura francês tomam como modelo e se inspiram nas experiências *off*, mas isso apenas na forma. Em 2002, o Ministério da Cultura lançou um grande estudo sobre os "novos territórios da arte" a fim de melhor identificar e conhecer a nebulosa dos lugares *off*, de sensibilizar o conjunto dos atores públicos quanto ao interesse e às especificidades dessas iniciativas e de considerar o estabelecimento de medidas de acompanhamento (Lextrait, 2001). Quando a cidade de Paris lançou um mercado de definições para refletir sobre a programação de seu futuro novo local de cultura (Le 104, aberto em 2008), as experiências e os encarregados de projetos culturais reconhecidos fizeram parte das listas do estudo. Certos atores dessas cenas *off* são associados à política cultural local, e encomendas, em matéria de criação ou de gestão de local cultural, podem ser passadas a eles.

Desde 2003, a Association Usines Éphémères ocupa temporariamente um antigo entreposto da Ponte P – na beira do canal Saint-Martin – e propõe eventos culturais, ações de apoio à criação (via residências de artistas) e de democratização cultural, como os ateliês de prática de dança amadora. A institucionalização de alguns desses lugares faz pesar sobre eles uma ameaça de banalização. Mas o próprio do *off* reside em sua capacidade de se renovar, de inventar constantemente novas formas, de fazer emergir outras cenas inventivas, diferentes, radicais, de abrir outros locais, fora de panoramas banalizados e rotineiros de uma cidade estandardizada.

Para além de um simples efeito de moda, a dimensão polissêmica da noção de cidade criativa convida à redescoberta das qualidades da cidade cosmopolita: lugar de alteridade, de encontros imprevistos, de experiências inéditas, de anonimato, de invenção de novas maneiras de ser e de fazer, de multidões e de diversidade de recursos. Ela exorta a inventar uma alternativa urbana na qual o acaso, o movimento e a criação estão a serviço dos habitantes e na qual modos de intervenção e de regulamentação se inventam e reinventam. Ela convida o urbanista à modéstia e à humildade, pois a criatividade não se planeja nem se programa. Ela surge do imprevisto e do inesperado; ela nasce ali onde não se espera. Seja ela artística, tecnológica, científica ou urbana, a criatividade nasce do atrito entre alteridade e encontros imprevistos. A fábrica da cidade criativa se realiza na capacidade dos atores de aceitar e tornar possíveis iniciativas que os ultrapassam.

BIBLIOGRAFIA

AMBROSINO, Charles. "Du quartier d'artiste au cluster culturel, perspectives londoniennes". Em *Arts et Territoires: Vers une Nouvelle Économie Culturelle?*. Publicação do 76º Congresso da Association Francophone pour le Savoir (Acfas), Québec, 2008. Disponível em: http://chairefernanddumont.ucs.inrs.ca/Mai2008/Ambrosino.pdf.

ASCHER, François. *Ces événements nous dépassent, feignons d'en être les organisateurs. Essai sur la société contemporaine*. La Tour d'Aigues: L'Aube, 2001.

_____. "La ville, c'est les autres. Le grand nombre, entre nécessité et hasard". Em BIRNBAUM, Daniel & GUILLAUME, Valérie. *Airs de Paris*. Paris: Centre Georges-Pompidou, 2007.

ATKINSON, Rowland. "Domestication by Cappuccino or a Revenge on Urban Space? Control and Empowerment in the Management of Public Spaces". Em *Urban Studies*, 40 (9), 2003.

BAUMOL, William J. & BOWEN, William G. *Performing Arts: the Economic Dilemma*. Cambridge: MIT Press, 1966.

BENHAMOU, Françoise. *L'économie de la culture*. Paris: La Découverte, 2004.

BOLTANSKI, Luc & CHIAPELLO, Eve. *Le nouvel esprit du capitalisme*. Paris: Gallimard, 1999.

BORDEUIL, Jean-Samuel. "Soho, ou comment le 'village' devint planétaire". Em *Villes en Parallèle*, n⁰ˢ 20-21, 1994.

BRANTÔME, Marie. *Dans le jardin de Casque d'or*. Paris: Le Seuil, 2004.

BROOKS, David. *Les Bobos: les bourgeois bohèmes*. Paris: Florent Massot, 2000.

CAMORS, Carine et al. *Les industries culturelles en Île-de-France*. Paris: Institut d'Aménagement et d'Urbanisme de la Région Île-de-France, 2006.

CHARMES, Eric. *La rue: village ou décor? Parcours dans deux rues de Belleville*. Grâne: Créaphis, 2006.

CHATTERTON, Paul & HOLLANDS, Robert. *Urban Nighscapes: Youth Cultures, Pleasure Spaces and Corporate Power*. Londres: Routledge, 2003.

DEROIN, Valérie. *Statistiques d'entreprises des industries culturelles*. Paris: Ministère de la Culture, 2008.

DONNAT, Olivier. *Les Français face à la culture: de l'exclusion à l'éclectisme*. Paris: La Découverte, 1994.

FLORIDA, Richard. *The Rise of the Creative Class: and How it's Transforming Work, Leisure, Community and Everyday Life*. Nova York: Basic, 2002.

_____. *The Flight of the Creative Class*. Nova York: Harper Business, 2005.

GREFFE, Xavier & SIMONET, Véronique. *Le développement de l'Île-de-France par la création de districts culturels*. Paris: Puca/Ministère de l'Équipement/Ministère de la Culture, 2008.

GRÉSILLON, Boris. *Berlin, métropole culturelle*. Coleção Mappemonde. Paris: Belin, 2002.

HALBERT, Ludovic et al. *Paris, métropole créative: clusters, milieux d'innovation et industries culturelles en Île-de-France*. Paris: Puca/Ministère de l'Équipement/Ministère de la Culture, 2008.

HARVEY, David. "From Managerialism to Entrepreneurialism: the Transformation in Urban Governance in Late Capitalism". Em *Geografiska Annaler*, series B, Human Geography, 71 (1), 1989.

HATZFELD, Hélène et al. *Quand la marge est créatrice: les interstices urbains initiateurs d'emploi*. La Tour d'Aigues: L'Aube, 1998.

HEINICH, Nathalie. *L'élite artiste: excellence et singularité en régime démocratique*. Paris: Gallimard, 2005.

JACOBS, Jane. *The Death and Life of Great American Cities*. Nova York: Vintage, 1961.

KRENS, Thomas. "L'attente des pouvoirs politiques". Em GALARD, Jean (org.). *L'avenir des musées*. Paris: Réunion des Musées Nationaux, 2001.

LACROIX, Chantal. *Statistiques de la culture: chiffres clés 2009*. Paris: Ministère de la Culture et de la Communication/La Documentation Française, 2009.

LANDRY, Charles & BIANCHINI, Franco. *The Creative City*. Londres: Demos, 1995.

LÉVY, Florence. "À nouveaux cirques, nouveaux publics?". Em GUY, Jean-Michel. *Avant-garde, cirque! Les arts de la piste en révolution*. Paris: Autrement, 2001.

LEXTRAIT, Fabrice. *Friches, laboratoires, fabriques, squats, projets pluridisciplinaires...: une nouvelle époque de l'action culturelle*. Paris: Ministère de la Culture, 2001. Disponível em http://www.culture.gouv.fr/culture/actualites/rapports/lextrait/lextrait.htm.

LEY, David. "Artists, Aesthetisation and the Field of Gentrification". Em *Urban Studies*, 40 (12), 2003.

MENGER, Pierre-Michel. *Portrait de l'artiste en travailleur: métamorphoses du capitalisme*. Coleção La République des Idées. Paris: Le Seuil, 2002.

MOULIN, Raymonde. *L'artiste, l'institution et le marché*. Paris: Flammarion, 1992.

PINÇON-CHARLOT, Monique & PINÇON, Michel. *Dans les beaux quartiers*. Coleção L'Épreuve des Faits. Paris: Le Seuil, 1989.

PLAZA, Beatriz. "The Return on Investment of the Guggenhiem Museum Bilbao". Em *International Journal of Urban and Regional Research*, 30 (2), 2006.

RAFFIN, Fabrice. *Les ritournelles de la culture: de la critique sociale à la participation citoyenne, entre mobilités et ancrages urbans*. Tese de doutorado. Perpignan: École Sciences Humaines et Sociales/Université de Perpignan, 2002.

RAMBACH, Anne & RAMBACH, Marine. *Les nouveaux intellos précaires*. Paris: Stock, 2009.

SASSEN, Saskia. *La ville globale*. Paris: Descartes, 1996.

SAXENIAN, Analee. *Regional Advantage: Culture and Competition in Sillicon Valley and Route 128*. Massachusetts: Harvard University Press, 1994.

_____. *Silicon Valley's New Immigrant Entrepreneurs*. São Francisco: Public Polyce Institute of California, 1999.

SCOTT, Allen J. "L'économie culturelle des cilles". Em *Géographie, Économie, Société*, 1 (1), 1999.

SHEARMUR, Richard. *L'aristocratie mobile du savoir: quelques réflexions sur les thèses de Richard Florida*. Publicação apresentada no Congresso Anual da Associação de Economia Política, Montréal, 2005. Disponível em: http://www.ucs.inrs.ca/sites/default/files/inedit2005_09.pdf.

SIMON, Patrick. "La société partagée: relations interethniques et interclasses dans un quartier en rénovation. Belleville, Paris XX$^\text{e}$". Em *Cahiers Internationaux de Sociologie*, nº 98, 1995.

SMITH, Neil. *The New Urban Frontier: Gentrification and Revanchist City*. Londres/Nova York: Routledge, 1996.

_____. "La gentrification généralisée: d'une anomalie locale à la 'régénération' urbaine comme stratégie urbaine globale". Em BIDOU-ZACHARIASEN, Catherine. *Retour en ville*. Paris: Descartes, 2003.

SOLNIT, Rebecca & SCHWARTZENBERG, Susan. *Hollow City: the Siege of San Francisco and the Crisis of American Urbanism*. Londres/Nova York: Verso, 2000.

STORPER, Michael & CHRISTOPHERSON, Susan. "Flexible Specialization and Regional Industrial Agglomeration: the Case of the US Motion Picture Industry". Em *Annals of the Association of American Geographers*, 77 (1), 1987.

TRANSEUROPEHALLES. *Les fabriques: lieux imprévus*. Paris: Éditions de l'Imprimeur, 2001.

TRAVERS, Tony. *Museums and Galleries in Britain. Economics, Social and Creative Impacts*. Londres: London School of Economics and Political Science, 2006.

VIVANT, Elsa. "Du musée-conservateur au musée-entrepreneur". Em *Téoros*, 27 (3), 2008.

_____. "Inconstance du collectionneur ou calcul de l'entrepreneur?". Em *Politix*, nº 88, 2009.

_____ & CHARMES, Eric. "La gentrification et ses pionniers: le rôle des artistes *off* en question". Em *Métropoles*, nº 3, 2008. Disponível em http://metropoles.revues.org/document1972.html.

ZUKIN, Sharon. *Loft Living: culture and Capital in Urban Change*. New Brunswick: Rutger's University Press, 1982.